Alfred J. Noll · Kant forever?

Reihe KANTEN

Alfred J. Noll

Kant forever?

Gedanken zum 300. Geburtstag von Immanuel Kant

Edition Konturen
Wien · Hamburg

Für Armin Thurnher zum 75. Geburtstag

Gefördert von der Stadt Wien Kultur.

Bibliografische Information der Deutschen Bibliothek
Die Deutsche Bibliothek verzeichnet diese Publikation in der Deutschen Nationalbibliografie, detaillierte bibliografische Daten sind im Internet über http://dnb.ddb.de abrufbar

Lektorat: Daniela Ornest
ISBN 978-3-902968-96-8
Druck: Primerate, Budapest
Printed in Austria

Inhalt

Der am 22. April 1724 als viertes Kind des Sattlermeisters *Johann Georg Kant* und seiner Ehefrau *Anna Regina* geborene *Immanuel Kant* würde heuer seinen 300. Geburtstag feiern dürfen – da er freilich längst schon tot ist, werden wir die Feierlichkeiten ohne ihn besorgen. Im Jahre 2004, anlässlich seines 200. Todestages am 12. Februar 1804, erschienen mehr als 1000 Monografien und Aufsatzsammlungen – das wird in diesem Jahr wohl übertroffen werden. *Kant* ist auch in der Gegenwart einer der am meisten rezipierten Philosophen weltweit. Die biblische Verkündigung „An ihren Früchten sollt ihr sie erkennen" (*Matth.* 7,16) gilt wohl auch in Hinsicht auf *Kant.* Was aber der kleingewachsene und gedanklich groß auftrumpfende *Kant* unmittelbar nach seinem Ableben galt, das wurde nie schöner als von *Heinrich Heine* (1797–1856) zum Ausdruck gebracht, und es darf daher sogleich an den Anfang gestellt werden:

„Die Leichen springen an mich heran und schimpfen, und mehr noch als ihre Schmähworte belästigt mich ihr Moderduft... Fort, ihr Gespenster! Ich spreche jetzt von einem Manne, dessen Name schon eine exorzierende Macht ausübt, ich spreche von Immanuel Kant! – Man sagt, die Nachtgeister erschrecken, wenn sie das Schwert eines Scharfrichters erblicken. – Wie müssen sie erst erschrecken, wenn man ihnen Kants *Kritik der reinen Vernunft* entgegenhält! Dieses Buch ist das Schwert, womit der Deismus hingerichtet worden in Deutschland. – Ehrlich gestanden, ihr Franzosen, in Vergleichung mit uns Deutschen seid ihr zahm und moderat. Ihr habt höchstens einen König töten können, und dieser hatte schon den Kopf verloren, ehe ihr köpftet. Und dabei mußtet ihr so viel trommeln und schreien und mit Füßen trampeln, daß es den ganzen Erdkreis erschütterte. Man erzeugt wirklich dem Maximilian Robespierre zuviel Ehre, wenn man ihn mit dem Immanuel Kant vergleicht."[1]

Bei *Kant* also handelt es sich um einen Geistesriesen, der, mag er auch auf den Schultern Voriger gestanden sein, die Zeitgenossen deutlich überragte und weit, bis heute, in die Nachwelt hinein leuchtet. Indes kommt, wenn heute in einer breiteren Öffentlichkeit von *Kant* gesprochen, oder gar, wenn er bei politischen Sonntagsreden im Mund geführt wird, regelmäßig nur einer seiner bekannt gewordenen „Sager" zum Vorschein, als da in loser Reihenfolge etwa sind:

Habe Mut, dich deines eigenen Verstandes zu bedienen.

Was will ich? Fragt der Verstand. Worauf kommt es an? Fragt die Urteilskraft. Was kommt heraus? Fragt die Vernunft.

Der sogenannte gesunde Verstand ist angeborene ignorantia.

Gedanken ohne Inhalte sind leer, Anschauungen ohne Begriffe sind blind.

Die Freiheit eines jeden beginnt dort, wo die Freiheit eines anderen aufhört.

Handle so, daß du die Menschheit sowohl in deiner Person, als auch in der Person eines jeden anderen jederzeit zugleich als Zweck, niemals bloß als ein Mittel brauchtest.

Die Freiheit ist eigentlich das Vermögen, alle willkürlichen Handlungen den Bewegungsgründen der Vernunft unterzuordnen.

Der Besitz der Gewalt verdirbt das freie Urteil der Vernunft.

Es gibt nichts Praktischeres als eine gute Theorie.

Aus so krummem Holze, als woraus der Mensch gestrickt ist, kann nichts ganz Grades gezimmert werden.

Das sind auch nicht immer die schlechtesten Menschen, die störrisch sind.

Gewissen ist das Bewußtsein eines inneren Gerichtshofes im Menschen.

Dem Toren ist der gescheite Mann entgegengesetzt; wer aber ohne Torheit ist, ist ein Weiser.

Torheit und Verstand haben so unkenntlich bezeichnete Grenzen, daß man schwerlich in dem einen Gebiete lange fortgeht, ohne bisweilen einen kleinen Streif in das andere zu tun.

Wir leben in einer Welt, worin ein Narr viele Narren, aber ein weiser Mann nur wenige Weise macht.

Der stumpfe Kopf ermangelt des Wirtes, der Dummkopf des Verstandes.

Denken ist Reden mit sich selbst.

Wer sich zum Wurm macht, soll nicht klagen, wenn er getreten wird.

Alle Politik muß ihre Knie vor dem Recht der Menschen beugen.

Der Mensch ist das einzige Geschöpf, das erzogen werden muß.

Aufklärung ist der Ausgang des Menschen aus seiner selbstverschuldeten Unmündigkeit. Unmündigkeit ist das Unvermögen, sich seines Verstandes ohne Leitung eines anderen zu bedienen. Selbstverschuldet ist diese Unmündigkeit, wenn die Ursache derselben nicht im Mangel des Verstandes, sondern der Entschließung und des Mutes liegt, sich seiner ohne Leitung eines anderen zu bedienen. „Sapere aude! Habe Mut dich deines eigenen Verstandes zu bedienen!" ist also der Wahlspruch der Aufklärung.

Es ist so bequem, unmündig zu sein. Habe ich ein Buch, das für mich Verstand hat, einen Seelsorger, der für mich ein Gewissen hat, einen Arzt, der für mich Diät beurteilt, und so weiter, so brauche ich mich ja nicht selbst zu bemühen.

Selbstdenken heißt: Den obersten Probierstein der Wahrheit an sich selbst – d. i. in seiner Vernunft – suchen.

Es gibt nur eine Ausflucht vor der Arbeit: Andere für sich arbeiten zu lassen.

Wo Staat und Volk zwei Personen sind, ist Despotismus.

Eine väterliche Regierung ist die am meisten despotische Regierung.

Es ist höchst verwerflich, die Gesetze über das, was ich tun soll, von demjenigen herzunehmen, was getan wird.

Alles, was die Natur selbst anordnet, ist zu irgendeiner Absicht gut.

Der Mensch muß sich in die Natur schicken; aber er will, daß sie sich in ihn schicken soll.

Die Grausamkeit gegen die Tiere ist der Pflicht des Menschen gegen sich selbst entgegengesetzt.

Kein Mensch ist so wichtig, wie er sich nimmt.

Freiheit der Feder – Palladium der Volksrechte.

Unser Zeitalter ist das eigentliche Zeitalter der Kritik, der sich alles unterwerfen muß.

Die Ehe ist die Verbindung zweier Menschen verschiedenen Geschlechts zum lebenslänglichen wechselseitigen Besitz ihrer Geschlechtseigenschaften.

Würde man die Handlungen der Menschen von Gott abhängig denken, wäre der Mensch eine Marionette.

Eine Religion, die der Vernunft unbedenklich den Krieg ankündigt, wird es auf Dauer gegen sie nicht aushalten.

Zwei Dinge erfüllen das Gemüt mit immer neuer und zunehmender Bewunderung und Ehrfurcht, je öfter und anhaltender sich das Nachdenken damit beschäftigt: Der gestirnte Himmel über mir und das moralische Gesetz in mir. Ich sehe sie beide vor mir und verknüpfe sie unmittelbar mit dem Bewußtsein meiner Existenz.

Wenn die Wissenschaft ihren Kreis durchlaufen hat, so gelangt sie natürlicher Weise zu dem Punkte eines bescheidenen Mißtrauens, und sagt, unwillig über sich selbst: Wie viele Dinge gibt es doch, die ich nicht einsehe.

Die Philosophie muß als Arzneimittel wirken.

Der Friede ist das Meisterwerk der Vernunft.

Das alles sind starke Ansagen. Wem Derartiges über die Lippen kommt, der mag wohlmeinend und gutgläubig sein, und er oder sie mag für sich auch ins Treffen führen, dass die hinter diesen Wortwendungen steckenden Forderungen doch immer noch unabgegolten seien, dass also *Kant* nach wie vor auf der Tagesordnung stehe und dass wir dieser Gedanken doch nicht verlustig gehen dürften. Das stimmt. Indes birgt die Gefälligkeit der Formulierungen und ihre Entkontextualisierung das Risiko, beim oft situativ veranlassten Einsatz dieser als Slogans gebrauchten Sätze stecken zu bleiben. Anders gesagt: Man ruft *Kant* herbei, indem man das, was den Formeln zugrunde liegt und ihr philosophisches Fundament abgibt, gleichzeitig unerwähnt lässt, ja unerwähnt lassen muss, ansonsten die phrasenhafte Nutzung des Gedankengutes nicht mehr möglich wäre.

Wir gehen kein großes Risiko ein, wenn wir prognostizieren, dass dies auch weiterhin so sein wird.

Uns interessiert jedoch anderes, zumal *Kant* auf diese Weise herbeizuzitieren hieße, die eigentliche Bedeutung von *Kants* Erkenntnis- und Sozialphilosophie ziemlich misszuverstehen, würde man *Kant* doch damit nach dem Maße von Flugblatt- und Pamphletliteratur messen. *Kant* aber war kein situativer Denker, kein Aphoristiker, vielmehr war er Systematiker, ein Durchdenker *par excellence,* ein Weltanschauungsphilosoph im nichtpleonastischen Sinne des Wortes – was es zuweilen unendlich schwer macht, ihm zu folgen.

1. Das Leben in Königsberg

Wer also war Herr *Kant?*

In *Hegels Vorlesungen über die Geschichte der Philosophie* lesen wir lapidar:

„*Immanuel Kant* wurde 1724 zu Königsberg geboren, studierte dort anfangs Theologie, trat im Jahre 1755 als akademischer Lehrer auf: 1770 wurde er Professor der Logik und starb in Königsberg 1804, den 12. Februar, beinahe 80 Jahre alt; er ist nicht aus Königsberg hinausgekommen“[2] – und recht viel mehr müssen wir über ihn auch nicht wissen, oder anders gesagt: „Die Lebensgeschichte des Immanuel Kant ist schwer zu beschreiben. Denn er hatte weder Leben noch Geschichte“, wie uns *Heinrich Heine* berichtete.[3] *Kants* Leben war in der Tat bestimmt durch Fleiß, Gewissenhaftigkeit, Pünktlichkeit, Regelmäßigkeit und Hingabe an die selbst gestellte Aufgabe; seine kleinbürgerlich-mittellose Herkunft, die obrigkeitshörig-pietistische Erziehung in Elternhaus und Schule sowie die Widrigkeiten seines weiteren Bildungsganges (er musste neun Jahre lang den demütigenden Dienst als Hauslehrer versehen!) waren bestimmend, zeitlebens strebt er nach wirtschaftlicher Sicherheit und Ordnung in den persönlichen Verhältnissen wie in jenen zur Obrigkeit. Während andere europäische Aufklärer weite Reisen durch Europa unternahmen (oder unternehmen mussten), blieb *Kant* zuhause. In der *Vorrede* zur letzten von ihm selbst verfassten Schrift *Anthropologie in pragmatischer Absicht* (1798) schrieb er freilich erläuternd: „Zu den Mitteln der Erweiterung der Anthropologie im Umfang gehört das *Reisen;* sei es auch nur das Lesen der Reisebeschreibungen. Man muß aber doch vorher zu Hause durch Umgang mit seinen Stadt- und Landesgenossen, sich Menschenkenntnis erworben haben, wenn man wissen will, wornach man auswärts suchen solle, um sie im größeren Umfange zu erweitern. Ohne einen solchen Plan (der schon Menschenkenntnis voraussetzt) bleibt der Weltbürger in Ansehung seiner Anthropologie immer sehr eingeschränkt. Die *Generalkenntnis* geht hierin immer vor der *Lokalkenntnis* voraus; wenn jene durch Philosophie geordnet und geleitet werden soll: ohne welche alles erworbene Erkenntnis nichts als fragmentarisches Herumtappen und keine Wissenschaft abgeben kann" – und er fügt betreffend seine Heimatstadt als Fußnote hinzu: „... eine solche Stadt, wie etwa Königsberg am Pregelflusse, kann schon für einen schicklichen Platz zur Erweiterung sowohl der Menschenkenntnisse als auch der Weltkenntnis genommen werden; wo diese, auch ohne zu reisen, erworben werden kann."[4]

Mit rund 50.000 Einwohnern war Königsberg zu Zeiten *Kants* von beträchtlicher Größe (vergleichbar solchen Städten wie Leipzig, Frankfurt, Hamburg oder Dresden), es verfügte über eine beachtliche Industrie und einen ausgedehnten Handel, infolgedessen die Stadt auch reichlich Gelegenheit bot, sich mit den Bedingungen und Anschauungen der damals fortgeschritteneren Länder Westeuropas vertraut zu machen. Und so blieb *Kant* zwar zuhause, aber er kannte die Welt und wusste, was in ihr vorgeht. Aus dieser universalistischen Sicht auf die Welt und seiner kosmopolitischen Haltung resultierte dann auch die Bemerkung *Kants* fast schon am Ende seines Lebens, dass „es [...] mit der unter den Völkern der Erde einmal durchgängig überhand genommenen (engeren oder weiteren) Gemeinschaft so weit gekommen ist, daß die Rechtsverletzung an *einem* Platz der Erde an *allen* gefühlt wird“[5] – eine Bemerkung von brennender Aktualität!

Wir sehen in *Kant* also einen Mann, der in seinem engen persönlichen Umfeld nichts von seinen weiten Gedanken ahnen ließ. „Sonderbarer Kontrast zwischen dem äußeren Leben des Mannes und seinen zerstörenden, weltzermalmenden Gedanken! Wahrlich, hätten die Bürger von Königsberg die ganze Bedeutung dieses Gedankens geahnt, sie würden vor jenem Manne eine weit grauenhaftere Scheu empfunden haben als vor einem Scharfrichter, vor einem Scharfrichter, der nur Menschen hinrichtet – aber die guten Leute sahen in ihm nichts anderes als einen Professor der Philosophie, und wenn er zur bestimmten Stunde vorbeiwandelte, grüßten sie freundlich und richteten etwa nach ihm ihre Taschenuhr.“[6]

Ganz wollen wir den Lebenslauf unseres Philosophen aber nicht unter den Tisch fallen lassen; einige Hinweise dürfen sein: 1755 habilitierte sich *Kant* als Magister der Philosophie an der Universität Königsberg. Im gleichen Jahr veröffentlichte er die wichtigste Schrift seiner Frühzeit, die *Allgemeine Naturgeschichte und Theorie des Himmels*. Nun konnte er Vorlesungen über fast alle philosophischen und auch über einige naturwissenschaftliche Fachgebiete halten; er hatte ausreichend Zuhörer. *Kant* erarbeitete sich zu dieser Zeit eine für damalige Verhältnisse revolutionäre, dynamische Materie-Auffassung und eine nicht minder progressive Raum-Vorstellung, indem er die Positionen von *Newton* und *Leibniz* zu vereinigen suchte: „Mich dünkt“, so schrieb er, „man könne hier in gewissem Verstande ohne Vermessenheit sagen: *Gebet mir Materie, ich will eine Welt daraus bauen!* Das ist, gebet mir Materie, ich will euch zeigen, wie eine Welt daraus entstehen soll.“[7] Es sei, so seine weitere Schlussfolgerung, die Struktur des Raumes grundsätzlich von den Kraftwirkungen der in ihm vorhandenen Materie abhängig. Gleichzeitig entwickelte *Kant* seine Auffassung der Materie als Einheit von Attraktion und Repulsion; Ruhe und Bewegung von Körpern seien stets nur relativ zu verstehen; und vor allem beantwortete er die Frage, ob die Erdrotation eine Abbremsung erleide und die Erde somit einen natürlichen Alterungsprozess durchmache. Der stets aufmerksame *Friedrich Engels* (1820–1895) kommentierte:

„Kant eröffnete seine Laufbahn damit, daß er das stabile Newton’sche Sonnensystem und seine – nachdem der erste Anstoß einmal gegeben – ewige Dauer auflöste in einen geschichtlichen Vorgang: in die Entstehung der Sonne und der Planeten aus einer rotirenden Nebelmasse. Dabei zog er bereits die Folgerung, daß mit dieser Entstehung ebenfalls der künftige Untergang des Sonnensystems notwendig gegeben sei. Seine Ansicht wurde ein halbes Jahrhundert später durch

Laplace mathematisch begründet und noch ein halbes Jahrhundert später wies das Spektroskop die Existenz solcher glühenden Gasmassen, in verschiedenen Stufen der Verdichtung, im Weltraum nach";[8] und er meinte: „Die Kantische Theorie von der Entstehung aller jetzigen Weltkörper aus rotirenden Nebelmassen war der größte Fortschritt, den die Astronomie seit Kopernikus gemacht hatte."[9]

Der heidnische Materialismus der Alten, in den er zu verfallen schien, machte *Kant* wenig Sorgen; in der *Vorrede* zu seiner *Allgemeinen Naturgeschichte* lesen wir im Modus allgemeinverständlicher Rechtfertigung:

„(D)ie Verteidigung deines Systems, wird man sagen, ist zugleich die Verteidigung der Meinungen des *Epikurs*, welche damit die größeste Ähnlichkeit haben. Ich will nicht völlig alle Übereinstimmung mit demselben ablehnen. Viele sind durch den Schein solcher Gründe zu Atheisten geworden, welche bei genauerer Erwägung sie von der Gewißheit des höchsten Wesens am kräftigsten hätten überzeugen können. Die Folgen, die ein verkehrter Verstand aus untadelhaften Grundsätzen zieht, sind öfters sehr tadelhaft, und so waren es auch die Schlüsse des Epikurs, ohnerachtet sein Entwurf der Scharfsinnigkeit eines großen Geistes gemäß war. – Ich werde es also nicht in Abrede sein, daß die Theorie des *Lukrez* oder dessen Vorgängers des *Epikurs, Leukipps,* und *Democritus* mit der meinigen viel Ähnlichkeit habe. Ich setze den ersten Zustand der Natur, so wie jene Weltweise, in der allgemeinen Zerstreuung des Urstoffs aller Weltkörper, oder der Atome, wie sie bei jenen genannt werden. *Epikur* setzte eine Schwere, die diese elementarische Teilchen zum Sinken trieb, und dieses scheinet von der *Newtonischen* Anziehung die ich annehme nicht sehr verschieden zu sein; er gab ihnen auch eine gewisse Abweichung von der geradlinichten Bewegung des Falles, ob er gleich in Ansehung der Ursache derselben und ihren Folgen ungereimte Einbildungen hatte: diese Abweichung kommt einigermaßen mit der Veränderung der geradlinichten Senkung, die wir aus der Zurückstoßungskraft der Teilchen herleiten, überein; endlich waren die Wirbel, die aus der verwirreten Bewegung der Atomen entstanden, ein Hauptstück in dem Lehrbegriffe des *Leukipps* und *Democritus* und man wird sie auch in dem unsrigen antreffen. So viel Verwandtschaft mit einer Lehrverfassung, die die wahre Theorie der Gottesleugnung im Altertum war, zieht indessen die meinige dennoch nicht in die Gemeinschaft ihrer Irrtümer. Auch in den allerunsinnigsten Meinungen, welche sich bei den Menschen haben Beifall erwerben können, wird man jederzeit etwas Wahres bemerken. Ein falscher Grundsatz, oder ein paar unüberlegte Verbindungssätze leiten den Menschen von dem Fußsteige der Wahrheit durch unmerkliche Abwege bis in den Abgrund. Es bleibt ohnerachtet der angeführten Ähnlichkeit dennoch ein wesentlicher Unterschied zwischen der alten Kosmologie und der gegenwärtigen, um aus dieser ganz entgegengesetzte Folgen ziehen zu können."[10]

[In Parenthese sei gleich vorausgeschickt: *À la longue* hatten diese Rechtfertigungsbemühen natürlich nichts genützt: Nach dem Tod des weltgewandten, freidenkerischen Despoten *Friedrich II.* (1712–1786) trat nun sein Neffe *Friedrich Wilhelm II.* (1744–1797) an die Spitze Preußens. Ersterer war ein gründlicher Administrator, Feldherr und Schutzpatron der Wissenschaften; Letzterer begeisterte sich für Magie und war insgesamt ein schwacher, stumpfer, zur Mystik neigender Mensch. Von dieser wenig anerkennungswürdigen Person erhielt *Kant* wegen seiner religionskritischen Skandalschrift[11] im Oktober 1794 eine (nur an ihn gerichtete und der Vermeidung des Aufsehens wegen) geheime Kabinettsorder – niemand, außer dem Philosophen, wusste davon; und so las *Kant* die nachfolgenden Zeilen in diesem allein an ihn gerichteten Brief des Königs:

„Unsere höchste Person hat schon“, so schrieb der neue König, „seit geraumer Zeit mit großem Mißfallen ersehen: wie Ihr Eure Philosophie zu Entstellung und Herabwürdigung mancher Haupt- und Grundlehren der heiligen Schrift und des Christentums mißbraucht; wie ihr dieses namentlich in Eurem Buch: *Religion innerhalb der Gränzen der bloßen Vernunft,* desgleichen in anderen, kleineren Abhandlungen getan habt. Wir haben Uns zu Euch eines Besseren versehen, da Ihr selbst einsehen müsset, wie unverantwortlich Ihr dadurch gegen Eure Pflicht als Lehrer der Jugend und gegen Unsere Euch sehr wohl bekannte landesväterliche Absichten handelt [...] Wir verlangen des ehsten Eure gewissenhafteste Verantwortung Unserer höchsten Ungnade, daß Ihr Euch künftighin Nichts dergleichen werdet zu Schulden kommen lassen, sondern vielmehr

Euer Ansehen und Eure Talente dazu anwenden, daß Unsere landesväterliche Intention je mehr und mehr erreicht werde; widrigenfalls Ihr Euch bei fortgesetzter Renitenz unfehlbar unangenehmer Verfügungen zu gewärtigen habt.“[12] *Kants* darauf folgendes Demutsschreiben war die eines großen Ironikers, und er stand nicht an „feierlichst zu erklären: daß ich mich fernerhin aller öffentlichen Vorträge, die Religion betreffend, es sei die natürliche oder geoffenbarte, sowohl in Vorlesungen als in Schriften, gänzlich enthalten werde“[13] – und kaum war *Friedrich Wilhelm II.* tot (1797), da sah sich *Kant* frei, sei er doch nun Untertan einer anderen Majestät ...]

Kant schrieb viel, und er schrieb Originelles: So erschien 1766 fast als ein Schlussstein seiner vorkritischen publizistischen Bemühungen das kleine Büchlein *Träume eines Geistersehers* – es war dies nichts weniger als ein reinigender und erfrischender Stoß ins Herz aller preußischen Dunkelmänner. Anlassgebende Gelegenheit boten die acht Bänder der *Arcana coelistia* von *Emanuel Swedenborg* (1688–1772), eine Sammlung von Hirngespinsten und schwärmerischen Träumen. Die Sache wäre kaum noch der Erinnerung wert, wäre in diesem kleinen Traktat nicht auch schon Aussicht geboten worden auf das, was es von *Kant* als wissenschaftlicher Philosoph erst noch zu erarbeiten galt: Gegen die halbscholastische deutsche Schulmetaphysik und ihre bodenlosen Spekulationen stellte *Kant* hier schon in Aussicht, dass die Metaphysik „als Wissenschaft von den Grenzen der menschlichen Vernunft“ erst noch zu bestimmen sei. Herrlichste Polemik: Jeglicher Geisterglaube sei doch völlig entbehrlich und unnötig; auch bräuchten wir die Geistererscheinungen nicht für einen Glauben an die Unsterblichkeit; vor allem aber bräuchten wir auch den Glauben an die Unsterblichkeit nicht zu dem Zwecke, zu dem ihn so viele für erforderlich hielten: nämlich für ein sittliches Leben. Sichtlich schrieb *Kant* mit Ingrimm, aber er schrieb nicht ohne Ironie.

„Der Stil des Verfassers ist platt. Seine Erzählungen und ihre Zusammenordnung scheinen in der Tat aus *fanatischen Anschauungen* entsprungen zu sein, und geben gar wenig Verdacht, daß spekulative Hirngespinste einer verkehrtgrüblenden Vernunft ihn bewogen haben sollten, dieselbe zu erdichten und zum Betruge anzulegen. In so ferne haben sie also einige Wichtigkeit, und verdienen wirklich, in einem kleinen Auszuge vorgestellet zu werden, vielleicht mehr, als so manche Spielwerke hirnloser Vernünftler, welche unsere Journale anschwellen, weil eine zusammenhängende Täuschung der Sinne überhaupt ein viel merkwürdigeres Phänomen ist, als der Betrug der Vernunft, dessen Gründe bekannt genug sind, und der auch großen Teils durch willkürliche Richtung der Gemütskräfte und etwas mehr Bändigung eines leeren Vorwitzes könnte verhütet werden, da hingegen jene das erste Fundament aller Urteile betrifft, dawider, wenn es unrichtig ist, die Regeln der Logik wenig vermögen!“[14] Es braucht nicht viel Imaginationsgabe, um diese Zeilen in unsere Zeit zu übersetzen. *Kant* trug das Banner der Aufklärung ein wichtiges Stück Weges weiter – und er tat dies „voll guter Laune in der Art der französischen Essays“.[15]

1770 erhielt *Kant* endlich eine Professur für Logik und Metaphysik, nachdem er zuvor eine Professur für Dichtkunst ausgeschlagen hatte. Kaum zum Lehramt berufen, veröffentlichte er die Dissertation, mit der er die Professur angetreten hatte; sie handelte (lateinisch abgefasst) *Von der Form der Sinnen- und der Verstandeswelt und ihren Gründen,* und enthielt eine erste Fassung der kritizistischen Philosophie *Kants,* die ihn nachfolgend und bis heute berühmt machen sollte. In der letzten Anmerkung dieses Buches heißt es vielversprechend: „(E)s (ist) kein Wunder, daß es den meisten [...] scheinen wird, einiges sei mehr als kühn als wahr behauptet, was freilich, wenn es einmal verstattet sein wird, ausführlicher zu sein, eine größere Festigkeit der Beweisgründe für sich verlangt.“[16] Das freilich brauchte seine Zeit. Im nächsten Jahrzehnt verzichtete *Kant* auf jede Veröffentlichung. Er dachte nach, wie er denn sein Hauptwerk realisieren sollte – und dann, im Jahre 1781, war es so weit: Es erschien die *Kritik der reinen Vernunft,* ein Buch,[17] das freilich so unverständlich geriet, dass es entweder gar nicht beachtet oder durchwegs von Missdeutungen begleitet wurde. Kein Mensch konnte oder wollte verstehen, um was es dabei ging. „Die Ursache dieser verzögerten Anerkenntnis liegt wohl in der ungewöhnlichen Form und schlechten Schreibart. In betreff der letzteren verdient Kant größeren Tadel als irgendein anderer Philosoph“, meinte *Heinrich Heine.*[18] Da *Kant* die Sache aber von eminenter Bedeutung schien, verfasste er sogleich eine Art „*Kritik der reinen Vernunft for Dummies*" und gab ihr den Namen *Prolegomena zu einer jeden künftigen Metaphysik* – denn es fehlte *Kant* nicht an der Einsicht, dass seine *Kritik der reinen Vernunft* nicht leicht zugänglich war:

„Man wird sie (sc. die *Kritik der reinen Vernunft*) unrichtig beurteilen, weil man sie nicht versteht; man wird sie nicht verstehen, weil man das Buch zwar durchblättert, aber nicht durchzudenken Lust hat; und man wird diese Bemühung darauf nicht verwenden wollen, weil das Werk trocken, weil es dunkel, weil es allen gewohnten Begriffen widerstreitet und überdem weitläufig ist", schrieb *Kant* ganz vorne. Immerhin bekannte er ein: „Nun gestehe ich, daß es mir unerwartet sei, von einem Philosophen Klagen wegen Mangel an Popularität, Unterhaltung und Gemächlichkeit zu hören, wenn es um die Existenz einer gepriesenen und der Menschheit unentbehrlichen Erkenntnis selbst zu tun ist, die nicht anders, als nach den strengsten Regeln einer schulgerechten Pünktlichkeit ausgemacht werden kann, auf welche zwar mit der Zeit auch Popularität folgen, aber niemals den Anfang machen darf. Allein, was eine gewisse Dunkelheit betrifft, die zum Teil von der Weitläufigkeit des Plans herrühret, bei welcher man die Hauptpunkte, auf die es bei der Untersuchung ankommt, nicht wohl übersehen kann: so ist die Beschwerde deshalb gerecht, und dieser werde ich durch gegenwärtige *Prolegomena* abhelfen",[19] versprach *Kant.* Ganz gelungen ist ihm dies nicht, denn schon 1787 brachte er eine zweite (vielfach geänderte) Auflage der Kritik heraus – und darin fanden sich nun auch eine neue *Vorrede* und eine *Einleitung*, die, mehr noch als dies der ersten Auflage von 1781 gelungen war, die Ziele der ganzen Sache darlegen konnten:

„Daß alle unsere Erkenntnis mit der Erfahrung anfange, daran ist gar kein Zweifel; denn wodurch sollte das Erkenntnisvermögen sonst zur Ausübung erweckt werden, geschähe es nicht durch die Gegenstände, die unsere Sinne rühren und teils von selbst Vorstellungen bewirken, teils unsere Verstandestätigkeit in Bewegung bringen, diese zu vergleichen, sie zu verknüpfen oder zu trennen, und so den rohen Stoff sinnlicher Eindrücke zu einer Erkenntnis der Gegenstände zu verarbeiten, die Erfahrung heißt? *Der Zeit nach* geht also keine Erkenntnis in uns von der Erfahrung vorher, und mit dieser fängt alle an. – Wenn aber gleich alle unsere Erkenntnis *mit* der Erfahrung anhebt, so entspringt sie darum doch nicht eben alle *aus* der Erfahrung. Denn es könnte wohl sein, daß selbst unsere Erfahrungserkenntnis ein Zusammengesetztes aus dem sei, was wir durch Eindrücke empfangen, und dem, was unser eigenes Erkenntnisvermögen (durch sinnliche Eindrücke bloß veranlaßt) aus sich selbst hergibt, welchen Zusatz wir von jenem Grundstoffe nicht eher unterscheiden, als bis lange Übung uns darauf aufmerksam und zur Absonderung desselben geschickt gemacht hat.“[20]

Und mit diesen wenigen Worten ist die Forschungsperspektive des „kritischen“ *Kant* beschrieben, der nun eine *neue Metaphysik* errichtet haben wollte. Dabei können wir in der Entwicklung des Kritizismus von

Kant einen Bogen erkennen: Zunächst sollten *Gottfried Wilhelm Leibniz* (1646–1716) und *Isaac Newton* (1642–1727) vereinigt werden; sodann bestimmten *John Locke* (1632–1704) und *David Hume* (1711–1776) die gedankliche Entwicklung *Kants.* Am Ende seines Lebens aber kehrte *Kant* von *Locke* und *Hume* wieder zurück zu *Newton* und vor allem *Leibniz*[21] – woraus wir sehen können, dass *Kant* ständig an einer grundlegenden Revision der Grundlagen der transzendentalen Idealität bzw. des transzendentalen Idealismus arbeitete; oder anders gesagt: dass er auch im hohen Alter nicht aufhörte, seinen *„eigenen"* Verstand zu nützen, was sich insbesondere auch in seinen (gelegentlich verspotteten) *Metaphysischen Anfangsgründen der Rechtslehre* (1798)[22] zeigte, in denen er die Systematizitätsforderung, die er für eine jede Wissenschaft erhob, ebenfalls epistemologisch einzulösen versuchte (und hiervon hat nachfolgend *Hegel,* ansonsten ein großer und tiefsinniger Kritiker *Kants,* einen Gutteil in sein eigenes rechtsphilosophisches Programm übernommen).

Nun hat sich *Kant,* so schien es jedenfalls, endgültig festgelegt, und in der *Einleitung* der *Kritik der reinen Vernunft* erklärt er dem Publikum: „Ich nenne alle Erkenntnis *transzendental,* die sich nicht so wohl mit Gegenständen, sondern mit *unserer Erkenntnisart* von Gegenständen, *so fern diese* a priori *möglich sein soll,* überhaupt beschäftigt."[23] Wenn das Unternehmen gelingt, so behauptete *Kant* optimistisch, dann wäre durch eine solche *Tranzendental-Philosophie* „das System aller Prinzipien der reinen Vernunft" und somit ein Gebäude „mit völliger Gewährleistung der Vollständigkeit und Sicherheit aller Stücke“ errichtet[24] – und die Sache, die doch so lange so viele Philosophen geplagt hätte, wäre gelöst und vollendet.

[Wiederum in Parenthese sei hinzugefügt: *Kant* selbst hatte in seinen späten Jahren Zweifel an seiner gesamten Erkenntnistheorie gewonnen; die immanenten Probleme waren gewaltig – *Kant* wurde von Entwurf zu Entwurf vorangetrieben; und es stellte sich das Problem, dass die Physik eine empirische Wissenschaft ist, der im Rahmen der Transzendentalphilosophie nicht beizukommen ist: „Die Physik ist und bleibt empirische Wissenschaft, ihre Gegenstände sind in der empirischen Anschauung gegeben, ihre Methode ist die Entwicklung von Hypothesen und ihre Überprüfung durch empirische Beobachtung und Experiment. – Über diese ‚Kluft‘ führt keine Brücke, kein Übergang“, schloß *Burkhard Tuschling*[25] seine Analyse des *Opus postumum;* und am Ende seines Lebens „Kant is convinced that transcendental idealism has to be revised and further developed“; vermutlich hätte aber auch er es nicht geschafft: „(T)he solution of its central problems has still not been brought into the open light of the day“[26] – und so wird es wohl auch bleiben.]

Dennoch: Mit der *Kritik der reinen Vernunft* stellte *Kant* die Probleme der Philosophie auf eine neue Grundlage, indem er die Objektivität der Gegenstände in der Welt (der Sachen, die uns umgeben) nicht mehr als vorgegeben annahm, sondern sie zu einer Funktion der allgemeinen Erkenntnisbedingungen des Subjekts (also von uns) machte. Das hat – wie *Burkhard Tuschling* bündig zusammenfasste – zumindest drei, nachfolgend geschichtemachende Konsequenzen, dass nämlich

- „nur solche Begriffe reale Sachverhalte bezeichnen, in wahrheitsfähigen Sätzen auftreten und Thema wirklichen Wissens sein können, die auf ein Mannigfaltiges sei es *actualiter* bezogen sind, sei es bezogen werden können, das seinerseits in der sinnlichen Anschauung a priori oder empirisch gegeben werden kann;
- metaphysische Begriffe und Aussagen, deren Referenten sich nicht in der sinnlichen Anschauung finden oder darstellen lassen, der Wahrheitsfähigkeit verlustig gehen, d. h. teils problematisch bzw. unentscheidbar, teils sogar dialektisch, nämlich Objektivität vortäuschend und Widerspruch erzeugend bzw. falsch werden;
- Theorie der Rezeption und Verbindung des in der Sinnlichkeit gegebenen Mannigfaltigen – oder kantisch ausgedrückt: Theorie der Bedingungen der Möglichkeit der Erfahrung –, Theorie der Grundlagen der empirisch-realen Raum-Zeit-Welt und wissenschaftsfähige Metaphysik prinzipiell zusammenfallen“.[27]

Die Philosophen vor *Kant*, so seine eigene Vorstellung darüber, hätten zwar über den Ursprung der Erkenntnisse nachgedacht, sie wären aber im Wesentlichen auf ein Entweder-Oder geraten, je nachdem sie Ideen a priori oder a posteriori annahmen. Was das Erkenntnisvermögen aber sei, welchen Umfang und welche Grenzen es habe, was wir also überhaupt wissen könnten, darüber habe man sich nicht ausreichend Gedanken gemacht. Dies werde nun von ihm, von *Kant*, nachgeholt.

Nachfolgend hat das negative Ergebnis dieser Untersuchung sehr viel mehr Furore gemacht als das positive; wiederum mit den trefflichen Worten von *Heinrich Heine* gesprochen:

„(E)r sondierte die ganze Tiefe dieses Vermögens und konstatierte alle seine Grenzen. Da fand er nun freilich, daß wir gar nichts wissen können von sehr vielen Dingen, mit denen wir früher in vertrautester Bekanntschaft zu stehen vermeinten. Das war sehr verdrießlich. Aber es war doch immer nützlich zu wissen, von welchen Dingen wir nichts wissen können. Wer uns vor nutzlosen Wegen warnt, leistet uns einen ebenso guten Dienst wie derjenige, der uns den rechten Weg anzeigt. Kant bewies uns, daß wir von den Dingen, wie sie an und für sich selber sind, nichts wissen, als sie sich in unserem Geiste reflektieren [...] Die bisherige Philosophie, die schnüffelnd an den Dingen herumlief und sich Merkmale derselben einsammelte und sie klassifizierte, hörte auf, als Kant erschien, und dieser lenkte die Forschung zurück in den menschlichen Geist und untersuchte, was sich da kundgab. Nicht mit Unrecht vergleicht er daher seine Philosophie mit dem Verfahren des Kopernikus."[28]

Immerhin, die Sache war auf die Welt gebracht, und nach den *Prolegomena* folgten im Jahr darauf geschichtsphilosophische Arbeiten, die *Idee zu einer allgemeinen Geschichte in weltbürgerlicher Absicht* und die *Beantwortung der Frage: Was ist Aufklärung?* Daran schlossen sich in schneller Folge die Ausarbeitung seiner Ethik: die *Grundlegung der Metaphysik der Sitten* (1785) und die *Kritik der praktischen Vernunft* (1788), sodann seine Philosophie der Kunst und des Organischen als *Kritik der Urteilskraft* (1790) und seine Religionsphilosophie unter dem Titel *Religion innerhalb der Grenzen der bloßen Vernunft* (1793).

Kant wurde währenddessen als Lehrer immer bekannter und bedeutsamer. Sein Einfluss wuchs. Als Rektor der Universität Königsberg in den Jahren 1786 und 1788 gewann er eine gesellschaftliche Stellung, wenngleich er, wie oben schon erwähnt, seiner Religionskritik wegen[29] im Jahr 1794 mit dem dummen *Friedrich Wilhelm II.* und dem reaktionären Ministerium *Wöllners* zusammenstieß: Weitere religionsphilosophische Schriften wurden *Kant* verboten, und bis zum Ableben von *Friedrich Wilhelm II.* (1797) hielt er sich auch daran. Dieses Verbot hinderte *Kant* aber nicht, für einen republikanischen (wenn schon nicht demokratischen) Rechtsstaat einzutreten und mit der Schrift *Zum ewigen Frieden* (1795)[30] einen weiteren Klassiker der Philosophiegeschichte zu veröffentlichen. Die letzten von *Kant* veröffentlichten Werke sind einerseits die *Anthropologie in pragmatischer Hinsicht* (1798)[31], andererseits aber – und auch dies ist ein Klassiker geworden – *Der Streit der Facultäten in drey Abschnitten* (1798).[32] Die kleine Schrift, hervorgegangen aus einer öffentlichen Vorlesung für die Bürger von Königsberg, sprüht vor Witz und Anschaulichkeit. Über die Rolle der Philosophie schreibt *Kant* dem klerikal-preußischen Ungeist ins Stammbuch: „(A)llenfalls (kann man) der theologischen Fakultät den stolzen Anspruch, daß die philosophische ihre Magd sei, einräumen (wobei doch noch immer die Frage bleibt: ob diese ihrer gnädigen Frau *die Fackel vorträgt* oder *die Schleppe nachträgt*); wenn man sie nur nicht verjagt, oder ihr den Mund verbindet",[33] und der staatlichen Wirtschaftspolitik gibt *Kant* der Regierung das folgende Beispiel:

„Ein französischer Minister berief einige der angesehensten Kaufleute zu sich und verlangte von ihnen Vorschläge, wie dem Handel aufzuhelfen sei: gleich als ob er darunter die beste zu wählen verstände. Nachdem einer dies, der andere das, in Vorschlag gebracht hatte, sagte ein alter Kaufmann, der so lange geschwiegen hatte: Schafft gute Wege, schlagt gut Geld, gebt ein promptes Wechselrecht u.d.gl., übrigens aber ‚laßt uns machen'. Dies wäre ungefähr die Antwort, welche die philosophische Fakultät, wenn die Regierung sie um die Lehren befrüge, die sie den Gelehrten überhaupt vorzuschreiben habe: Den Fortschritt der Einsichten und Wissenschaften nur nicht zu hindern".[34]

Es ist unschwer zu entziffern: *Kant* unternimmt bewusst den Versuch, die Philosophie dem gesamten Systemaufbau und Gedankeninhalt nach so zu gestalten, dass sie ihrer gesellschaftlichen Funktion im Interesse des aufstrebenden Bürgertums gerecht werden könne. Der *Mensch als Bourgeois* erscheint als einziger

Träger geeignet, die „naturrechtliche“ Idealnorm von Freiheit, Selbständigkeit und Gleichheit zu verkörpern; nur er verfügt über jene faktischen Qualitäten, um jener freie, rechtsgleiche und selbstständige Herr seiner selbst zu sein, der das *Kant*'sche Menschenideal ist, eben *„sein eigener Herr (sui iuris)“*, wie es im *Gemeinspruch* heißt.[35] Dieser Mensch leiste sein bestes im freien Wettbewerb, „so wie Bäume in einem Walde, eben dadurch, daß ein jeder dem andern Luft und Sonne zu benehmen sucht, einander nötigen, beides über sich zu suchen, und dadurch einen schönen geraden Wuchs bekommen“, meinte *Kant* metaphorisch.[36] In seinen politischen Schriften schlägt die als universales Emanzipationsideal proklamierte Idee des mit apriorisch-metaphysischen Werten ausgestatteten Individuums um in ein auf ethisch-politische Sonderinhalte gemünztes Programm: Nicht die Menschheit im allgemeinen, sondern faktisch nur eine einzige Klasse, *das aufstrebende Bürgertum*, wird emanzipiert.

Am 12. Februar 1804 – also vor genau 220 Jahren, stirbt *Immanuel Kant.* Er hinterlässt umfangreiche Ausarbeitungen zu einem Werk, das den Übergang von den metaphysischen Anfangsgründen der Naturwissenschaft zur Physik hin entwickeln soll – das sog. *Opus postumum,* eine Art Selbstverständigung *Kants,* die bis heute weitgehend unbekannt geblieben ist.[37]

2. Das Problem der Erfahrung

Wie – und das soll nun unsere leitende Fragestellung sein – erkennen wir die Wirklichkeit? Auf diesem Gebiet hat *Kant* wohl am meisten geleistet. Wie kann *Kant* uns bei der Beantwortung dieser Frage helfen?

Zunächst: *Kant* ist fast 80 Jahre alt geworden; er war nicht immer der Gleiche, er hat sich entwickelt, er hat seine Konzeptionen und Konstruktionen geändert, er hat sie abgewandelt, liegen gelassen etc. Es ist deshalb riskant, von dem *„einen Kant“* zu sprechen, denn es gibt deren viele. Heute von *Kant* zu sprechen, könnte als Versuch unternommen werden, eine Bestandsaufnahme der Beiträge zu machen, die *Kants* Theorien immer noch leisten können; dies vor allem in Hinsicht auf die Lösung eines modernen philosophischen Problems schlechthin, nämlich der kritischen Überprüfung der logischen Prinzipien von einem materialistischen Standpunkt aus. *Kant* geht es um die Bestimmung der subjektiven Aneignungsformen gegenüber der materiellen Wirklichkeit; und diese Aneignungsformen – Wissen und Handeln, vor allem die moralische Motivierung des Handelns – haben bei *Kant* durchaus gesellschaftliche, geschichtsbildende Dimension und sind es deshalb wert, immer wieder genauer in Augenschein genommen zu werden.

Die Sache ist überaus anspruchsvoll, aber man muss sie immerhin in Sichtweite bekommen, wenn wir *Kant* einigermaßen gerecht werden wollen. Es ginge dann darum, zu sehen, ob bestimmte kantische Elemente der

Erkenntnistheorie und der Logik nicht vielleicht doch eine eigenständige Gültigkeit behalten, eine Gültigkeit, die dazu beitrüge, aus den Engpässen oder hartnäckigen Unlösbarkeiten herauszukommen, mit denen insbesondere der nachkantische und hegelianische Idealismus das fundamentale logische Problem des Verhältnisses zwischen der *Einheit* der Vernunft und der *Mannigfaltigkeit* der materiellen Tatsachen der Erfahrung bedroht hat. Das freilich hat nichts zu tun mit einer Bewegung, die sich nach einer „Rückkehr zu Kant" sehnt (Neo-Kantianismus), die doch mit ihrem Ruf „Zurück zu Kant!" tatsächlich an *Kant* vorbei und hinter ihn zurück philosophierte.

Es ist ein anspruchsvolles Thema, das dem philosophisch weniger interessierten Publikum Mühe macht und Anstrengung abverlangt, zumal im postkantianischen Idealismus die Lösung dieses Problems im Wesentlichen durch eine *spekulative* Konzeption des logischen Urteils geprägt war, bei der die Instanz der Mannigfaltigkeit zugunsten der *Einheit* vereitelt schien: Das heißt, das daraus resultierende Urteil war ein Urteil, in dem die Form selbst, idealistisch, „das eigentliche Werden des konkreten Inhalts" war (wie es *Hegel* wollte), so dass es im Urteil nicht mehr eine Prädikation des Subjekts gab, sondern eine *Substantivierung* oder Hypostasierung des Prädikats – und all dies mit den bekannten Folgen, die *Marx* schon 1843 in seiner Kritik an *Hegel* feststellte. Mit aller Deutlichkeit muss deshalb an den Anfang gestellt werden, dass den *Begriff* der empirischen Wissenschaft zu bestimmen zweifellos den Aufgaben einer allgemeinen Erkenntnistheorie nicht entzogen werden darf; anders gesagt: Wer keinen Begriff von *empirischer* Wissenschaft hat, der wird keinen Zugriff auf die Wirklichkeit finden. Allen großen klassischen deutschen Philosophen war die Bedeutsamkeit einer erkenntnistheoretischen Bestimmung des Status der Einzelwissenschaft bewusst – und sie integrierten eine Diskussion der sog. *Erfahrungswissenschaften* in ihre philosophische Theorie, um die Frage zu beantworten, wie und warum Wissenschaft überhaupt möglich ist. – Und vor diesem Problem stand auch und gerade der Philosoph aus Königsberg.

Wir müssen uns trotz absehbarer gedanklicher Beschwerlichkeiten in die Sache hineinstürzen, denn ohne das gedankenaufreibende Bad in der Transzendental-Philosophie ist *Kant* nicht zu haben – und wir kürzen aber den Sprung selbst sogleich mit den Worten von *Renate Wahsner* gehörig ab:

„Durch seine erkenntnistheoretische Konzeption, nach der apriorische Verstandesbestimmungen erforderlich sind, um zu notwendigen und allgemeingültigen Gesetzesaussagen zu gelangen, durch seine Einsicht, daß die Physik stets Gedankenbestimmung voraussetzt, die sie selbst nicht weiter untersucht, begründete Kant nicht nur die Notwendigkeit der Philosophie für die Naturwissenschaft, sondern hob auch die mit der klassischen Mechanik erbrachte erkenntnistheoretische Leistung ins philosophische Bewußtsein.“[38]

Angesichts dessen ist die kantische Instanz der *Existenzialität* des Urteils sicherlich auch heute noch gültig.

Die Behauptung einer Existenzialität oder Materialität des Urteils impliziert nämlich die Anerkennung, dass die Elemente des Sinnlichen und Materiellen (die Elemente des *Mannigfaltigen* in der Beziehung von Einheit/Vielheit) aufgrund ihrer *spezifischen Natur* als diskrete und konkrete Elemente in der Konstitution des Urteils *positiv* gültig sind und daher nicht unmittelbar unter dem Zeichen des Intellekts subsumierbar und *erschöpfbar* sind. Aber genau diese Forderung – dass nämlich das Verhältnis von Sinneswahrnehmung und Verstand ein Verhältnis von spezifisch unterschiedenen Elementen sein soll – hat *Kant* in der *Kritik der reinen Vernunft* an mehreren Stellen in deutlichen Worten formuliert. „(D)ie Sinnlichkeit", sagt er beispielsweise in der „Transzendentalen Analytik", sei für den *Leibniz-Wolfianischen* Rationalismus „nur eine verworrene Vorstellungsart, und kein besonderer Quell der Vorstellungen" gewesen; so dass *Leibniz,* anstatt „im Verstande und der Sinnlichkeit zwei ganz verschiedene Quellen von Vorstellungen zu suchen, die aber nur in Verknüpfung objektiv gültig von Dingen urteilen könnten", sich nur an eine von beiden Quellen hielt, d. h. „*Leibniz intellektualisierte* die Erscheinungen".[39] Und dies, weil „er der Sinnlichkeit keine eigene Art der Anschauung zugestand, sondern alle, selbst die empirische Vorstellung der Gegenstände, im Verstande suchte, und den Sinnen nichts als das verächtliche Geschäft ließ, die Vorstellungen des ersteren zu verwirren und zu verunstalten".[40]

Für eine allgemeine Erkenntnistheorie, die auf die Anerkennung der Positivität und Unauslöschbarkeit des Mannigfaltigen bedacht ist (während sie in der idealistischen Tradition stattdessen, wie wir wissen, als bloß Negatives aufgefasst wird) und sich gleichzeitig bewusst ist, dass dies die Grundlage ist, könnten diese *Kant'*schen Beispiele der Neubewertung der Sinnlichkeit wohl hilfreich sein – und dies selbst dann, wenn man die Auffassung vertritt, dass *Kant* mit seiner Unternehmung „gescheitert" sei. Weil *Kant* die Beziehung zwischen Sinnlichkeit und Verstand als zwei spezifische verschiedene Elemente analysierte, kam er zu einer funktionalistischen und anti-substantialistischen Konzeption der Kategorien, also zu einer Bejahung der materiellen Instanz bzw. der sinnlichen Mannigfaltigkeit der Welt. Darin besteht die *Existentialität* des Urteils.

Ebenso ist aber klar, dass *Kant* selbst das fruchtbare kritische Kriterium der spezifischen Unterscheidung von Sinnlichkeit und Verstand und damit des Urteils als einer Synthese heterogener Dinge nicht vollständig aufrechterhalten konnte. Bei *Kant* kommt es zu einer intellektualistischen Verengung der Kritik, so dass er letztlich nur im Besitz eines Schattens des Singulären bleibt, so dass in seinem Denken der Reichtum der Wirklichkeit, ja die Wirklichkeit selbst, zu verschwinden droht. In dem Maße nämlich, in dem er dann die neuen Prinzipien der transzendentalen Logik mit der alten rationalistischen Logik verunreinigte, schloss er sich selbst wiederum von einer völlig positiven Lösung des Erfahrungsproblems aus und scheiterte daher an einem bestimmten Punkt daran, eine Einheit des Bewusstseins zu erreichen, „welche Einheit des Bewußtseins, nach Verschiedenheit der anschaulichen Vorstellungen der Gegenstände in Raum und Zeit, verschiedene Funktionen, sie zu verbinden, erfordert, welche also Kategorien heißen".[41] Die Originalität und der Wert der kritischen Philosophie *Kants* beruhen auf der Entdeckung, dass der Intellekt (Verstand) an sich nicht ausreicht, um uns synthetisches Wissen zu vermitteln. Für *Kant* ist nämlich das Problem einer Erkenntnis, die über die vorhandenen Begriffe hinausgeht (und die uns mehr über das sagt, was in diesen Begriffen enthalten ist), nicht zu lösen, solange die Bedingungen der Erkenntnis nur, wie in der Logik, an den Verstand gebunden sind; *Kant* zeigt, dass es die Anschauungen sind, d. h. sie allein, die die Verbindung eines Subjekts mit einem Prädikat (dessen Begriff nicht bereits in dem des Subjekts enthalten ist) ermöglichen.

Kant sagt uns, dass die Erweiterung unserer Erkenntnis durch Erfahrung auf empirischer Sinneswahrnehmung beruhe; darin würden wir einerseits immer vieles finden, was unseren Begriffen entspreche, andererseits aber auch immer etwas, was in diesen Begriffen noch nicht gedacht war und daher in gewisser Weise „mehr" sei als das, was wir bezogen auf ihn bisher gelernt hätten. Eine Erweiterung unseres Wissens, die notwendig und universell sein will, die könne aber nicht, so *Kant,* auf empirische Intuitionen zurückgreifen (die ja nicht immer konsistent seien), sondern sie müsse sich auf apriorische Begriffe beziehen, d. h. auf formale Beziehungen, die die apriorischen Bedingungen aller vernünftigen Begriffe darstellen; und bei synthetischen Urteilen[42] erfolge die synthetische Verknüpfung des Prädikats mit dem Subjekt deshalb auf der Grundlage von Begriffen *a priori.* Aber dies ist nichts anderes als logisches Monstrum, denn damit stürzt *Kant* in einen durchaus beklagendwerten Formalismus: Was verleiht denn den synthetischen Urteilen a priori tatsächlich Notwendigkeit/Universalität? Synthetische Urteile a priori sind dann doch nichts anderes als Formen der empirischen Mannigfaltigkeit, die sich als eine a priori gegebene synthetische Einheit darstellen. Daraus ergeben sich aber zwei negative Konsequenzen: Einerseits wird die unmittelbare Erfahrung nur auf die Belehrung durch Wahrnehmung reduziert; andererseits wird die Notwendigkeit/Universalität auf abstrakte, d. h. auf eine formale Universalität reduziert.

So bleibt *Kants* Urteil der Erfahrung – das doch in der Sprache der *Prolegomena* konkrete und notwendige Erkenntnisse darstellen sollte – nur eine Bestätigung der Allgemeinheit und der versöhnlichen absoluten/abstrakten Notwendigkeit. Die Wahrnehmung wird dabei nicht aus dem verstandesmäßigen Konzept abgeleitet, auch wenn sie – angesichts der Formalität und abstrakten Universalität der formalen Begriffe – mit diesen Anschauungen synthetisiert wird, womit dann aber die Instruktivität des eigentlichen Inhalts der Erfahrung, also des Singulären, des Empirischen oder Sinnlichen, wiederum verloren geht und der Reichtum der Realität bzw. die Realität selbst zu verschwinden droht – und dies, obwohl doch *Kant* selbst betont, dass „die Wahrnehmung […], die den Stoff zum Begriff hergibt, der einzige Charakter der Wirklichkeit (ist)".[43] Übrig bleibt dann – vermittelt durch den zugrunde liegenden formalen Begriff – jene Vollständigkeit, die sich nur aus der begrifflichen Prägnanz der Kategorien ableitet; übrig bleibt nur das Bedürfnis nach der Notwendigkeit des Belehrenden, nicht das Belehrende selbst. *Kants* regenerierende Synthese des Empirischen und Zufälligen neigt dazu, sich selbst und die damit verbundene Zauberkraft zu beseitigen.

Damit soll in aller Knappheit darauf hingewiesen werden, dass *Kant* eine Umwandlung des Wahrnehmungsurteils (oder des kontingenten Urteils) in ein Erfahrungsurteil (synthetisch, aber notwendig und allgemein) postuliert, was bei ihm durch die rätselhafte Hinzufügung eines rein verstandesmäßigen Konzepts zu den Wahrnehmungen erreicht wird. Das unmittelbare Erleben wird so auf eine rein kontingente Tatsache reduziert (auf das, was uns die Erfahrung lehrt); und es erstarrt die synthetische Einheit der Erfahrung zu einer apriorischen Synthese reiner Begriffe und Anschauungen, also zu einer formalen und abstrakten Einheit.

Die Verkürzung enthält eine Ungerechtigkeit, denn natürlich stellt *Kant* mit großem Nachdruck und mit bis heute bewundernswerter Detailliertheit das Problem der Erfahrung, also des Verhältnisses von Zufälligem und Notwendigem, von Einheit/Allgemeinem und Mannigfaltigkeit. Aber *Kant* löst dieses Problem nicht, weil es ihm nicht gelungen ist, das entscheidende Prinzip für die Vorzüglichkeit, das gleiche Maß an

Wahrnehmungsvermögen, Materialität und an Mannigfaltigkeit und Einheit, Universalität oder Vernunft, konsequent aufrechtzuerhalten. *Kant* befasst sich mit dem Problem der formalen apriorischen Bedingungen unseres Wissens; aber er befasst sich *nicht* mit der *realen, tatsächlichen Erfahrung*, sondern mit der möglichen Erfahrung: Nur das, so heißt es ja, „(w)as mit den formalen Bedingungen der Erfahrung (der Anschauung und den Begriffen nach) übereinkommt, ist *möglich*".[44] Und gerade deshalb muss *Kant* die Synthese von Einheit und Mannigfaltigkeit auf eine abstrakte Synthese von reinem Begriff und formaler Anschauung reduzieren, also auf eine Synthese, in der die Welt der realen Erfahrung scheitert.

Aber es gibt noch einen weiteren Grund, warum *Kant* das Problem der Erfahrung nicht ganzheitlich kritisch lösen konnte, dass für ihn nur das der bloß „möglichen" Erfahrung, nicht der realen und konkreten Erfahrung blieb. Der Weg zu einer Lösung hätte die klare Anerkennung einer außermentalen Realität als positives sinnliches und materielles Datum erfordert oder eine kohärente Entwicklung der Instanz des „Dings an sich" impliziert; was bei *Kant* immer noch ein grundlegendes Beispiel für die Vielfältigkeit des Seins oder der Realität bleibt. Und doch wissen wir, dass die Materialität des „an sich" von *Kant* nicht als erkenntnistheoretisch auflösbar begriffen wurde, sondern nur als eine negative Grenze des Wissens, als eine Materialität, die unerkennbar bleibt: Daher nahm bei *Kant* der Fall der ontologischen Materialität die Form eines bloßen dogmatischen Hilfsmittels an („Was also von uns *Noumenon* genannt wird, muß als solches nur in *negativer* Bedeutung verstanden werden“[45]), und sein verborgener Materialismus löste sich in idealistischen Phänomenalismus auf. Aber in diesem Phänomenalismus, also in der finalen ontologisch negativen Konzeption des Materiellen oder Sinnlichen, verkümmerte letztlich auch die zunächst kohärente Verteidigung der Sinnlichkeit als grundlegender erkenntnistheoretischer Forderung der gegen *Leibniz* gerichteten Polemik. So energisch zunächst die Sinnlichkeit herbeigerufen wurde, so klammheimlich verschwand sie dann auch wieder.

Betrachtet man diesen realen Problemknoten und die ihm von *Kant* gegebene widersprüchliche Auflösung („das Noumenon“), so scheint es tatsächlich, dass *Kants* Theorie vom „Ding an sich“ im Wesentlichen ein folgenloses Zugeständnis an den Materialismus ist; der Grundzug der *Kant*’schen Philosophie ist die Aussöhnung des Materialismus mit dem Idealismus, ein Kompromiss zwischen beiden, und damit in gewisser Weise eine Verknüpfung verschiedenartiger, einander widersprechender philosophischer Richtungen zu einem System. Wenn Kant freimütig zugesteht, dass unseren Vorstellungen etwas außer uns, irgendein Ding an sich, entspreche, dann zeigt er sich als Materialist; wenn er aber andererseits das „Ding an sich“ für unerkennbar, transzendent und jenseitig erklärt, dann tritt er als Idealist auf. Von hier aus könnte heute eine Untersuchung *Kants* weitergeführt werden, die sowohl die Grenzen der Kritik als auch seine positiven Beiträge zum modernen Problem der Erfahrung im Auge behält. Es hat eine tiefe Wahrheit, wenn *Friedrich Engels* in seiner Rechtfertigung des *Anti-Dühring* schrieb:

„Es verstand sich von selbst, daß die alte Naturphilosophie – so viel wirklich Gutes und so viel fruchtbare Keime sie enthielt – uns nicht genügen konnte [...] (sie) fehlte, namentlich in der Hegel'schen Form, darin, daß sie der Natur keine Entwicklung in der Zeit zuerkannte, kein ‚Nacheinander', sondern nur ein ‚Nebeneinander'. Dies war einerseits im Hegel'schen System selbst begründet, das nur dem ‚Geist' eine geschichtliche Fortentwicklung zuschrieb, andrerseits aber auch im damaligen Gesammtzustand der Naturwissenschaften. So fiel Hegel hier weit hinter Kant zurück, dessen Nebulartheorie bereits die Entstehung, und dessen Entdeckung der Hemmung der Erdrotation durch die Meeresflutwelle auch schon den Untergang des Sonnensystems proklamirt hatte."[46]

3. Das Sinnliche und Materielle ist nicht zu eliminieren

Neben dem logisch-erkenntnistheoretischen Beispiel der Existenzialität des Urteils ergibt sich jedoch ein weiteres wichtiges Beispiel aus der *Kritik der reinen Vernunft,* das die Figur und die Funktion der Vernunft berührt. Und dies gilt heute umso mehr, da uns eine sorgfältige Wiederbetrachtung der Widersprüche und Aporien, in die die Theorie einer spekulativen oder absoluten oder gar „reinen“ Vernunft gerät, uns zunehmend an den „Gründen“ einer spekulativen Vernunft zweifeln lässt. Gemeint sind die grundlegenden Forderungen im Abschnitt „Transzendentale Dialektik“ der *Kritik,* in welchem *Kant* den „reinen“, von der Erfahrung losgelösten Gebrauch der Vernunft untersucht. Der kantische Schwerpunkt ist wohlbekannt: Im reinen oder spekulativen Gebrauch unterliegt die Vernunft Prozessen der „Totalisierung“ oder Hypostasierung, die als eine natürliche und notwendige Tendenz der spekulativen Vernunft konfiguriert werden, um „von der *Totalität der Bedingungen* zu einem gegebenen Bedingten“[47] zu gelangen. Die spekulative Vernunft begibt sich in einen Bereich, der nicht der Kontrolle der Erfahrung unterliegt (da im reinen Gebrauch der Vernunft die Bedingungen der Erfahrung verschwunden sind, d. h. die Bedingungen der sinnlichen Anschauung, die das Gefäß für die Bildung der Erfahrungsurteile bilden), und *setzt* die Totalität der Bedingungen oder Beziehungen *voraus, unabhängig davon, ob sie eintreten oder nicht.*

Nach der Beschreibung der Aporien, in die die spekulative Vernunft verfällt (d. h. in die Antinomien oder Sätze, die keine Grundlage für eine Überprüfung in der Erfahrung haben und die die Vernunft daher gerade aufgrund des verderbten Rückgriffs auf die Gesamtheit der Bedingungen ebenso bejahen wie auch verneinen kann), kommt *Kant* zu dem Schluss: „Ist aber dieses, so ist es", wenngleich es, „weil die Klarheit auf beiden Seiten gleich ist, doch unmöglich (ist), jemals auszumitteln, auf welcher Seite das Recht sei", und „(e)s bleibt also kein Mittel übrig, den Streit gründlich und zur Zufriedenheit beider Teile zu endigen, als daß, da sie einander doch so schön widerlegen können, sie [d. h. diejenigen, die sich zur Verteidigung ihrer Argumente auf das metaphysische oder spekulative Prinzip des Rückgriffs auf die Totalität stützen] endlich überführt werden, daß sie um nichts streiten, und ein gewisser transzendentaler Schein ihnen da eine Wirklichkeit vorgemalt habe, wo keine anzutreffen ist".[48] Aus methodologischer Sicht entsteht hier das genuin kritische Anliegen, das Scheitern der spekulativen Vernunft sozusagen experimentell an den widersprüchlichen Konsequenzen zu untersuchen, die sich aus ihrem „reinen" Gebrauch ergeben, d. h. wir untersuchen dann eine Idee, „die ihre Falschheit besser in der Anwendung und durch ihre Folgen, als in der abgesonderten Vorstellung verrät".[49] Zeitgemäßer ausgedrückt ginge es also darum, die Mängel des spekulativen Verfahrens anhand der Art und Weise aufzuspüren, in der es die Tatsachen, d. h. das Konkrete oder Mannigfaltige, zu vermitteln beabsichtigt, und zu prüfen, wie weit die Fähigkeit oder Unfähigkeit dieses Verfahrens reicht, diese Tatsachen (ob logisch oder historisch) zu erklären; kurzum, wir gehen zurück von der Negativität der Konsequenzen (den Aporien, die sich in der spekulativen „Vermittlung“ der Tatsachen manifestieren) zur Negativität des Verfahrens. Erinnern wir uns als ein modernes, mit materialistischer Kohärenz umgesetztes Beispiel an die Methode, die der junge *Marx* in der *Kritik der Hegelschen Rechtsphilosophie* (1843)[50] verfolgt: Dabei geht es um die Untersuchung der Unfähigkeit der hegelianischen und idealistischen Spekulation, die Fakten zu vermitteln, d. h. es wird durch die genaue Beobachtung der Wirklichkeit das Fortbestehen dieser Fakten als „schlechter Empirismus“ nachgewiesen, obwohl doch die Spekulation behauptet hatte, diese Fakten zu „vermitteln“; und dies führt sodann beweiskräftig zur Anprangerung der Prozesse der Hypostasierung, derer sich die absolute oder spekulativen Vernunft bedient.

Wir können die von *Kant* aufgeworfene Problemstellung durchaus als ein Stimulanzmittel werten, das auf das kritische Erwachen aus einem „dogmatischen Schlummer“ abzielt, aus einem Schlaf, der sich aus einer mehr oder weniger verschlossenen Akzeptanz der Vernunft in hegelianischer oder metaphysischer Gestalt im Allgemeinen ergibt; hierbei dürfte *Kant* immer noch nützlich sein und entsprechende Anreize für die Forschungsarbeit liefern – womit natürlich noch nicht die dann alltagspraktisch entscheidende Frage beantwortet ist, in welchem Umfang und in welcher Hinsicht diese Beispiele von *Kant* als Kritiker der spekulativen Vernunft heute (noch) verwendet werden können. Es ist in der Tat so, dass *Kant,* nachdem er das Scheitern der reinen Spekulation dargelegt hat, an das *Phänomen* als jenen konkreten und vielseitigen Inhalt appellieren möchte, den die angebliche allauflösende Gültigkeit der Spekulation zu vereiteln droht. Aber die Verteidigung der konkreten Mannigfaltigkeit der Erfahrung just der Phänomenologie anzuvertrauen und sie als Schutz gegen die Ohnmacht der reinen Vernunft zu bezeichnen, das bedeutet letztlich, der einen Ohnmacht eine andere gegenüberzustellen, also dem, was das Sinnliche oder Materielle ist, aus der Vorstellung als bloße Erscheinung abzuleiten. Um Geltung zu erlangen und seinen Zweck zu erfüllen, kann der kantische Appell nur von einer materialistischen oder positiven Auffassung des Sinnlichen her aufgenommen und entwickelt werden. Darüber hinaus ist es nur eine solche Herangehensweise, die uns ein viel tieferes und vollständigeres Verständnis der Prozesse der Hypostasierung ermöglicht hat als das, was *Kant* möglich war oder was im 19. Jahrhundert *Feuerbach*[51] oder nachfolgend vielleicht auch *Dewey* zu erreichen gelang.[52] Wir beziehen uns damit auf die komplexe Kritik an den idealistischen Hypostasen,[53] eine Kritik, deren Verdienst es ist, hervorgehoben zu haben, dass die Spekulation in ihrem Streben nach der „Totalität der Bedingungen“, um es mit *Kant* zu sagen, zwar den Inhalt oder die Empirie und die Tatsachen zunichte gemacht hat, dass aber das abstrakte Allgemeine, das aus diesem Prozess hervorgeht, keineswegs leer, ein Universales der Schatten, wie *Kant* zu denken schien, sondern voll von heimlichem Inhalt bzw. eines unvermittelten Empirismus ist; wobei die Anprangerung des Scheiterns der Spekulation ihren Bezug gerade in den Hinweisen hat, die sich aus der *Unmöglichkeit* ergibt, das Sinnliche oder Materielle *zu eliminieren.*

Einerseits bleibt als positives Erbe von *Kants* Kritik jedenfalls die funktionale oder anti-hypostatische Konzeption seiner Kategorien oder Begriffe bestehen, denn seine Kategorien sind die Einheit einer empirischen Mannigfaltigkeit und für *Kant* ist der Begriff eine Bildung, eine Synthese, er ist das Ergebnis eines Urteils; das aber bedeutet, dass es keine ewig-starren Begriffe gibt, die der Verstand erahnen müsste, und dass es keine reinen (abstrakten) verstandesmäßigen Begriffe, keine Essenzen gibt (wiewohl *Kant* die Funktionalität und die Nicht-Substantialität seiner Kategorien – etwa bei seiner traditionellen Interpretation der Widerspruchsfreiheit als *principium rationis,* als Prinzip, das der Vernunft als solcher eigen sei – nicht durchgehend bewahrt). *Andererseits* lässt *Kant* sowohl bei seiner Kardinalkritik an *Leibniz,* beim postulierten Bedürfnis nach Synthese von Sinnlichkeit und Verstand, von Sein und Denken als Heterogenität, bei der Forderung nach Funktionalität der Kategorien und nach begrifflicher bzw. rationaler Einheit eine adäquate Inwertsetzung der materiellen Realität und des sinnlich Mannigfaltigen vermissen; vielmehr sehen wir aufgrund des zugrundeliegenden dogmatischen Konzepts der Relativität des Irrationalen einen typisch intellektualistischen Phänomenalismus. Es liegt daher nahe, *Kant* nach den von ihm selbst gesetzten Maßstäben zu bewerten: Aus dieser Sicht hätte er den von ihm so heftig kritisierten dogmatischen, selbstbewussten Intellektualismus von *Leibniz* durch einen vorsichtigeren, kritischeren Intellektualismus, durch seinen Subjektivismus oder Phänomenalismus ersetzt.

4. Kants politischer Denkeinsatz – Motor oder Bremse?

Aber auch im Hinblick auf den anderen Aspekt von *Kants* Werk, nämlich das ethisch-politische Denken, kommt die Nichteliminierbarkeit jenes eigenständigen materiellen Elements zum Tragen, das in diesem Fall die Geschichte und die wirtschaftlich-soziale Struktur einer Epoche ist. Wir sind weit davon entfernt, dieses Denken als eine Art himmlisches Reich der „universellen“ Freiheit zu bewerten, wie es die liberalen *Kant*-Interpreten gerne glauben machen wollen, eher im Gegenteil: Gerade weil dieses Denken auf ethischer Ebene die Bedürfnisse und Impulse des Einzelnen in den verfeinerten Himmel des einfachen „guten Willens“ und der reinen „Absicht“ beschränkt hatte, entsprach *Kants* Denken pünktlich „der Ohnmacht, Gedrücktheit und Misère der deutschen Bürger, deren kleinliche Interessen nie fähig waren, sich zu gemeinschaftlichen, nationalen Interessen einer Klasse zu entwickeln“, wie die berühmten Einschätzung der kantischen Ethik von *Marx* lautete.[54]

Darüber hinaus war *Kant* ein sehr kohärenter Sprecher der politischen Programme der bürgerlichen Klasse seiner Zeit, sowohl im Positiven wie auch im Negativen. Dies lag vor allem an seiner konsequent antifeudalen Haltung, die, wie es an einer Vielzahl von Stellen seiner Theorien sowohl zum Privatrecht als auch zum öffentlichen Recht deutlich zum Ausdruck kam, nachfolgend zu beispielgebenden Schlagworten für die Emanzipation der bürgerlichen Person wurde. *Kant attackierte*, wo immer er nur konnte, den feudalen Despotismus und feudalen Plunder: den *Adel*, den er als „Anomalie“ und also als überfällig markierte; die *Leibeigenschaft*, die er unverblümt als Verbrechen bezeichnete, die *absolute Monarchie*, der er die allein rechtmäßige Republik gegenüberstellte; die Kriegs-, Rüstungs- und Eroberungspolitik; den *Kolonialismus und den Sklavenhandel* derer, die von der „Frömmigkeit viel Werks machen und Unrecht wie Wasser trinken“; die furchtbare *Gewalt des Klerus* und die *Kirche*, die er vom Staate zu trennen vorschlägt und deren Güter enteignet zu werden verdienen.[55]

Kants Wirkung war freilich in zweierlei Hinsicht ambivalent: *Erstens*, weil es für *Kant* letztlich und immer dann, wenn es um die praktische Anwendungen ging, überall nur um die Emanzipation des Privilegierten, des Bourgeois, des Privateigentümers der Produktionsmittel ging, unter dogmatischer Ausklammerung jeglicher Interessen des arbeitenden Menschen und unter striktem Ausschluss einer substanziellen oder Massendemokratie: Mit Hilfe von Gewaltenteilung und formaler Rechtsstaatlichkeit schränkt *Kant* den Begriff der Demokratie fast bis zu seiner Rücknahme ein. Zwar bekannte er sich zu *Rousseau* und betonte, dass nur der vereinigte Wille aller, das Volk also, Grundlage des Staates und Quelle des Rechts sei – denn wo Staat und Volk nicht identisch seien, da herrsche Despotie! –, aber staatsbürgerliche Rechtsgleichheit für alle wollte er –

anders als vor ihm schon *Thomas Hobbes* (1588–1679) – nicht eingeführt wissen: Tagelöhnern, Ackerbauern, Handwerksgesellen, Bediensteten, Hauslehrern (wie er einer für neun Jahre seines Lebens war) und den Frauenzimmern billigte *Kant* kein Stimmrecht zu:

„In dieser Verfassung aber das Recht der Stimmgebung zu haben, d. i. Staatsbürger, nicht bloß Staatsgenosse zu sein, dazu qualifizieren sich nicht alle mit gleichem Recht. Denn daraus, daß sie fordern können, von allen anderen nach Gesetzen der natürlichen Freiheit und Gleichheit als *passive* Teile des Staats behandelt zu werden, folgt nicht das Recht, auch als *aktive* Glieder den Staat selbst zu behandeln, zu organisieren oder zu Einführung gewisser Gesetze mitzuwirken: sondern nur, daß, welcherlei Art die positiven Gesetze, wozu sie stimmen, auch sein möchten, sie doch den natürlichen, der Freiheit und der diesem passiven Zustande zu dem aktiven emporarbeiten zu können, nicht zuwider sein müssen.“[56] Eine Stimme im Staat soll nur haben, wer „bürgerliche Selbständigkeit besitz(t)“, also diejenigen, der über die einzig entscheidende Qualität verfügt; „daß er sein eigener Herr (sui iuris) sei, mithin irgendein Eigentum habe [...], welches ihn ernährt“.[57]

Zweitens war der Bourgeois, den *Kants* Lehre von der „Rechtsstaatlichkeit“ wirklich unterstützte, weder der englische Bourgeois, der seine politische Revolution vor mehr als einem Jahrhundert gemacht hatte, nunmehr mit der industriellen Revolution beschäftigt war und seine kommerzielle Vorherrschaft auf den Weltmärkten festigte, noch war es der französische

Bourgeois, der in den Jahren, in denen Kant seine politischen Werke schrieb, das *Ancien Régime* von Grund auf umstürzte. Die eigentliche Stütze war das viel bescheidenere und unbeholfene deutsche Bürgertum, dessen objektiv begrenzter ökonomisch-sozialer und politischer Horizont sich nur zeitweise und auf höchst widersprüchliche Weise zu einer Theorie und Praxis der bürgerlichen Hegemonie aufzuschwingen vermochte. „Wie die deutschen Zustände gegen Ende des 18. Jahrhunderts nun einmal waren, wäre es ein Wunder, wenn nicht auch *Kant* seinen Tribut an die ökonomische und politische Zersplitterung, an die Ohnmacht der Bauern, die Feigheit des Bürgertums, kurz: an die allgemeine Misere gezahlt hätte. – Und *Kant* hat gezahlt!“[58]

Dennoch bleibt die symbolträchtige Tatsache bestehen, dass einige führende Vertreter (wie *Anton Joseph Dorsch, Felix Anton Blau* und *Georg Wilhelm Böhmer*) des einzigen unglücklichen Versuchs in Mainz zwischen 1792 und 1793, eine jakobinische demokratische Regierung auf deutschem Boden zu errichten[59], eine kantische philosophische Ausbildung hatten. Die Wahrheit über die zerfallende Gesellschaftsordnung des alten Regimes und die lebensnotwendige Notwendigkeit einer bürgerlichen Erneuerung kam für sie jedoch durch den ideologischen Schleier der kantischen Vernunftkritik. Im Jahr 1792 waren freilich *Kants* politische Schriften mit ihren vorsichtig zur Schau gestellten Appellen zur Mäßigung und ihrer übereilten Distanzierung von der Revolution noch gar nicht erschienen. Es gab nur die bekannteste und am weitesten verbreitete kantische Lehre, die theoretische Philosophie oder, wie es der junge *Marx* ausdrückte, die *„deutsche Theorie* der französischen Revolution“.[60] Nach 1793 jedoch, als *Kants* erster Aufsatz zum Thema Revolution bekannt wurde, nämlich der Aufsatz *Über den Gemeinspruch: Das mag in der Theorie richtig sein, taugt aber nicht für die Praxis,*[61] da erwiesen sich die darin vertretenen Grundsätze des reformistischen Kompromisses in gewisser Weise durchaus als ambivalent: Einerseits wirkten sie als Bremse selbst für diejenigen, die wie *Johan Benjamin Erhard,*[62] einer der bedeutendsten Schüler *Kants*, in seiner Abhandlung *Über das Recht des Volkes auf eine Revolution* (Jena/Leipzig 1795) versuchten, eine Revolutionstheorie von links, von jakobinischen Positionen aus zu formulieren;[63] andererseits hinderte diese situative Wirkung *Friedrich Engels* nicht daran, von *Kant* als dem „alten Jakobiner von Königsberg“ zu sprechen,[64] weil eben seine Grundsätze nach vorne, also antifeudalistisch wirkten.

Kant sieht den Widerspruch des in der bürgerlichen, speziell französischen Aufklärung enthaltenen Dualismus von Freiheit und Notwendigkeit; er sieht, dass es sich dabei um ein Grundproblem handelt. Kann er diesen Widerspruch auflösen? Nein, sein Menschen- und Geschichtsbild bleibt dualistisch: Einerseits wird das Subjekt den Kausalitäten der Natur unterworfen, womit die Individuen mit fatalistischer Gewalt unter streng notwendige Gesetzesbeziehungen gezwungen werden. Andererseits ist der Mensch Vernunftwesen, intelligibles Wesen, und damit von der empirischen Welt in keiner

Weise in seiner Entscheidungsfreiheit eingeschränkt, soll er sich doch in seinen moralischen Entscheidungen gerade nicht von empirischen Grenzen, sondern nur vom moralischen Gesetz leiten lassen. Das Subjekt von *Kant* ist somit ein Bürger zweier Welten: Er gehört sowohl dem Reich der Freiheit als auch in anderer Beziehung dem Reich der Notwendigkeit an. Aber eines ist *Kant* immer bewusst: Der geschichtliche Fortschritt, die Realisierung der Freiheit, ist nur durch die Tätigkeit des Menschen zu erzielen; oder anders gesagt: Das Besondere der Menschheit sei es, dass sie alles Gute selbst entdecken und es sich durch Freiheit beschaffen soll, dass also der Mensch zur Gesellschaft gemacht sei und sich in der und durch die Gesellschaft bilde oder doch bilden könne. Immer wieder erläutert *Kant* seinen Grundgedanken, dass es sich beim Menschen um ein „ungesellig-geselliges" Wesen handle (ein Begriff, der erstmals in der *Idee zu einer allgemeinen Geschichte der Menschheit* auftauchte[65]): Die Triebhaftigkeit des Menschen laufe seiner Vernunftbegabtheit nur allzu oft zuwider, einerseits wolle sich der Mensch doch als Vernunftwesen in der Gesellschaft realisieren und reüssieren; andererseits dränge ihn seine egoistische Neigung zur Vereinzelung (*Kant* übernimmt auch hier viel von *Thomas Hobbes'* Anthropologie). Daraus resultiert auch *Kants* genereller Vorbehalt gegen die Volkssouveränität: Sein eminenter Widerwille gegen auf aktive Volksbeteiligung gegründete Volkssouveränität, die er, „weil alles da Herr sein will",[66] dem „Despotismus" gleichstellte. Und das ist natürlich nichts, was die Sonntagsredner gerne hören wollen, wenn sie heute *Kants* Sentenzen in den Mund nehmen: *Kant* war ein manifester Anti-Demokrat. Er warnte davor, „die republikanische Verfassung [...] (wie gemeiniglich geschieht) mit der demokratischen (zu) verwechseln", und er behauptete: „Unter den drei Staatsformen ist die der *Demokratie*, im eigentlichen Verstande des Wortes, notwendig ein Despotismus."[67] Mit der demokratischen Partei wollte *Kant* nichts zu tun haben; keiner der damaligen Reformer wollte sich gar in die Nähe der „Masse" gerückt sehen. Sie alle sahen darin eine Bedrohung, und deshalb waren alle „Fortschrittler" der damaligen Zeit einer Meinung mit dem, was *Kant* in seiner Anthropologie als den „Charakter des Volks" ausgab:

„Unter dem Wort *Volk* (populus) versteht man die in einem Landstrich vereinigte *Menge* Menschen, in so fern sie ein *Ganzes* ausmacht. Diejenige Menge oder auch der Teil derselben, welcher sich durch gemeinschaftliche Abstammung für vereinigt zu einem bürgerlichen Ganzen erkennt, heißt *Nation* (gens); der Teil, der sich von diesen Gesetzen ausnimmt (die wilde Menge in diesem Volk), heißt Pöbel (vulgus), dessen gesetzwidrige Vereinigung das *Rottieren* (agere per turbas) ist; ein Verhalten, welches ihn von der Qualität eines Staatsbürgers ausschließt."[68] Die Präsenz der „Massen" auf politischem Terrain war stets mit dem Alp belastet, dass ein jegliches Auftreten der Volksmenge nichts anderem gleichkommen könne als einem „Aufruhr", dem in der *Anthropologie* und auch anderswo stets beklagten *agere per turbas.*

5. Kant für heute?

Im Jahr 1784 hat *Kant* die Frage „Was ist Aufklärung?" mit den berühmten Worten beantwortet:

„*Aufklärung ist der Ausgang des Menschen aus seiner selbst verschuldeten Unmündigkeit. Unmündigkeit* ist das Unvermögen, sich seines Verstandes ohne Leitung eines anderen zu bedienen. *Selbstverschuldet* ist diese Unmündigkeit, wenn die Ursache derselben nicht am Mangel des Verstandes, sondern der Entschließung und des Mutes liegt, sich seiner ohne Leitung eines andern zu bedienen. Sapere aude! Habe Mut, dich deines *eigenen* Verstandes zu bedienen! ist also der Wahlspruch der Aufklärung."[69] Aufklärung bestehe also vor allem darin, die symbolische Hülle einer Sache von ihr selbst zu unterscheiden und damit die Sache von dieser Hülle zu befreien. Die Aufklärung ist für *Kant* „(d)ie wichtigste Revolution in dem Innern des Menschen [...] Statt dessen, daß bis dahin andere *für* ihn dachten und er bloß nachahmte, oder am Gängelbande sich leiten ließ, wagt er es jetzt, mit eigenen Füßen auf dem Boden der Erfahrung, wenn gleich er noch wackelnd, fortzuschreiten."[70] Dass wir dort schon wären, darf auch heute füglich bezweifelt werden. Sprechen nicht die besseren Gründe für die immer noch zutreffende Einsicht: „Faulheit und Feigheit sind die Ursachen, warum ein so großer Teil der Menschen, nachdem sie die Natur längst von fremder Leitung frei gesprochen [...] dennoch gerne zeitlebens unmündig bleiben; und warum es anderen so leicht wird, sich zu deren Vormündern aufzuwerfen. Es ist bequem unmündig zu sein."[71] Es gibt fast ganz am Ende der *Prolegomena* (1783), die *Kant* zur vereinfachten Darstellung seiner *Kritik der reinen Vernunft* verfasste, einen – gewiss etwas verschwurbelt formulierten – Absatz, den wahrzunehmen und zu durchdenken wir deshalb auch heute allen Grund hätten; *Kant* schreibt hier selbstgewiss:

„In unserem denkenden Zeitalter läßt sich nicht vermuten, daß nicht viele verdiente Männer jede gute Veranlassung benutzen sollten, zu dem gemeinschaftlichen Interesse der sich immer mehr aufklärenden Vernunft mit zu arbeiten, wenn sich nur einige Hoffnung zeigt, dadurch zum Zweck zu gelangen. Mathematik, Naturwissenschaft, Gesetze, Künste, selbst Moral etc. füllen die Seele noch nicht gänzlich aus; es bleibt immer noch Raum in ihr übrig, der vor die bloße reine und spekulative Vernunft abgestochen ist, und dessen Leere uns zwingt, in Fratzen oder Tändelwerk, oder auch Schwärmerei, dem Scheine nach, Beschäftigung und Unterhaltung, im Grunde aber nur Zerstreuung zu suchen, um den beschwerlichen Ruf der Vernunft zu übertäuben, die ihrer Bestimmung gemäß etwas verlangt, was sich vor sich selbst befriedige, und nicht bloß zum Behuf anderer Absichten, oder zum Interessen der Neigungen in Geschäftigkeit versetze. Daher hat eine Betrachtung, die sich bloß mit diesem Umfange der vor sich selbst bestehenden Vernunft beschäftigt, darum, weil eben in demselben alle anderen Kenntnisse, so gar Zwecke zusammenstoßen, und in ein Ganzes vereinigen müssen, wie ich mit Grunde vermute, vor jedermann, der es nur versucht hat, seine Begriffe so zu erweitern, einen großen Reiz, und ich darf wohl sagen, einen größeren, als jedes andere theoretische Wissen, welches man gegen jenes nicht leichtlich eintauschen würde."[72]

Gewiss, auch dies ist wiederum nicht leicht verständlich und wir haben heute allen Grund, viele der von *Kant* erwähnten Worte entweder auszutauschen oder zu ergänzen. Aber der Kern der Sache bleibt: Wir können die Welt nur begreifen, wenn wir die entsprechenden Begriffe haben. Und um dieser Begriffe zu versichern, ja sie erst bilden zu können, ist uns *Kant* bis heute Ermunterung und zugleich Provokation. Es gilt doch auch für die vielen multimedialen Emanationen unserer Zeit, wofür *Kant* einst die „gemeine Metaphysik" verdammte, dass diese nämlich „durch waghälsige Behauptungen den Eigendünkel, durch subtile Ausflüchte und Beschönigung Sophisterei, und durch die Leichtigkeit, über die schwersten Aufgaben mit ein wenig Schulweisheit wegzukommen, die Seichtigkeit begünstigte, welche desto verführerischer ist, je mehr sie einerseits etwas von der Sprache der Wissenschaft, andererseits etwas von der Popularität anzunehmen die Wahl hat und dadurch allen alles, in der Tat aber überall nichts ist"[73]. *Kants* Zuversicht, dass sich durch *Kritik* unserem Urteil über die Welt der Maßstab zugeteilt wird, so dass dann „Wissen von Scheinwissen mit Sicherheit unterschieden werden kann", und dass solcherart eine Denkungsart erweckt wird, „die ihren wohltätigen Einfluß nachher auf jeden andern Vernunftgebrauch erstreckt",[74] ist historisch mehrfach widerlegt. Die von *Kant* selbst benannten Schwierigkeiten sind offenkundig:

„Sich seiner *eigenen* Vernunft bedienen will nichts weiter sagen, als bei allem dem, was man annehmen soll, sich selbst fragen: ob man es wohl tunlich finde, den Grund, warum man etwas annimmt, oder auch die Regel, die aus dem, was man annimmt, folgt, zum allgemeinen Grundsatze seines Vernunftgebrauchs zu machen? [...] Aufklärung in *einzelnen Subjekten* durch Erziehung zu gründen, ist also gar leicht: man muß nur früh anfangen, die jungen Köpfe zu dieser Reflexion zu gewöhnen. Ein *Zeitalter* aber aufzuklären, ist sehr langwierig; denn es finden sich viel äußere Hindernisse, welche jene Erziehungsart teils verbieten, teils erschweren."[75] *Kant* traut der individuellen Vernunfttätigkeit gesamtgesellschaftliche Wirksamkeit zu; dieser Vernunftgebrauch zielt auf die Realisierung der bürgerlichen Gesellschaft. Die Moralphilosophie soll dann helfen, Recht und Politik nach vernünftigen Grundsätzen zu bestimmen. In der Tat, wir können *Kants* Wirkung an der Wirklichkeit ablesen und uns wiederum von *Heinrich Heine* orientieren lassen: „Das deutsche Volk läßt sich nicht leicht bewegen; ist es aber einmal in irgendeine Bahn hineinbewegt, so wird es dieselbe mit beharrlichster Ausdauer bis ans Ende verfolgen [...] Deutschland war durch Kant in die philosophische Bahn hineingezogen, und die Philosophie ward eine Nationalsache."[76] Aber eben nur in eine „philosophische Bahn"; nichts anderes. Für die Überwindung genau dieser „äußeren Hindernisse", dass sich nämlich das deutsche Volk nicht leicht bewegen ließ, gibt uns *Kant* auch gar keine Anhaltspunkte. Er bleibt, etwas überspitzt gesagt, darin stecken, den philosophischen Gegenstand auf die vernünftige Subjektivität reduziert zu haben. Das kann letztlich auch gar nicht anders sein: *Kants* Auffassung vom Menschen fußte auf einer unmittelbaren Ableitung der Menschenrechte aus einem transzendenten Allgemeinen, es handelt sich um eine apriorische, metahistorische Abstraktion, die nach eigener Aussage prinzipiell von konkreten geschichtlichen Inhalten absieht. Wenn *Kant* freilich gegenüber dem feudalen Absolutismus faktische Garantien und konkrete Inhalte entgegensetzen wollte, so musste er die „naturrechtlichen" Grundrechte präzisieren, womit ein konkreter Inhalt zur Notwendigkeit wurde. Woher aber sollte er diese konkreten Inhalte nehmen? In der Tat waren es dann historisch existierende, ganz unvermittelt aufgenommene Inhalte, die in die metaphysische Absolutheit der Form ein- und ihr unterschoben wurden. Die tatsächlichen Verhältnisse gewannen so den Charakter einer unkontrollierten, nicht kritisch aufgearbeiteten Empirie – *Kants* Erkenntnistheorie zeigte politische Wirkungen; oder kantisch gesagt: Die tatsächlichen Verhältnisse waren damit innerhalb der Theorie freigehende, keiner ihnen angemessenen erkenntnistheoretischen Norm unterworfene Inhalte. Die konkrete Wirklichkeit hatte der Theorie jene empirischen Inhalte einfach aufgezwungen, hatte sie in den Apriorismus der Form ganz unvermittelt eingeschleust – und das Ergebnis war dann eigentlich immer nur erschlichen. Als ein „Absolutes“ sehen wir dann den empirisch-historischen Zufallszustand, wie er von außen durch unmittelbare, d. h. unkontrolliert aufgenommene ideologisch-kulturelle Einflüsse in die Theorie diffundiert ist; Beispiele dafür gibt es dutzendweise, beispielsweise in Hinsicht auf die *Ehe* oder die *Todesstrafe:*

„Es ist nämlich“, so heißt es etwa in *Kants Rechtslehre,* „auch unter der Voraussetzung der Lust zum wechselseitigen Gebrauch der Geschlechtseigenschaften, der Ehevertrag kein beliebiger, sondern durchs Gesetz der Menschheit notwendiger Vertrag, d. i., wenn Mann und Weib einander ihren Geschlechtseigenschaften nach wechselseitig genießen wollen, so müssen sie sich notwendig verehelichen, und dieses ist nach Rechtsgesetzen der reinen Vernunft notwendig“[77]. „Ohne diese Bedingung ist der fleischliche Genuß dem Grundsatz (wenngleich nicht immer der Wirkung nach) *kannibalisch.* Ob mit Maul und Zähnen, oder der weibliche Teil durch Schwängerung und daraus vielleicht erfolgende, für ihn tötliche Niederkunft, der männliche aber durch von öfteren Ansprüchen des Weibes an das Geschlechtsvermögen des Mannes herrührende Erschöpfungen *aufgezehrt* wird, ist bloß in der Manier zu genießen unterschieden, und ein Teil ist in Ansehung des anderen bei diesem wechselseitigen Gebrauche der Geschlechtsorganen wirklich eine *verbrauchbare* Sache (res fungibiles), zu welcher also sich vermittels eines Vertrages zu machen, es ein gesetzwidriger Vertrag (pactum turpe) sein würde.“[78] – Oder in Hinsicht auf die Todesstrafe: „Hat er [...] gemordet, so muß er *sterben.* Es ist hier kein Surrogat zur Befriedigung der Gerechtigkeit [...] Selbst wenn sich die bürgerliche Gesellschaft mit aller Glieder Einstimmung auflösete (z. B. das eine Insel bewohnende Volk beschlösse auseinanderzugehen, und sich in alle Welt zu zerstreuen), müßte der letzte im Gefängnis befindliche Mörder vorher hingerichtet werden, damit jedermann das wiederfahre, was seine Taten wert sind, und die Blutschuld nicht auf dem Volk hafte, das auf diese Bestrafung nicht gedrungen hat."[79] Die Zeit ist darüber hinweggeschritten, und die Sache selbst hat nur noch kultur- und rechtshistorische Bedeutung.

Das kantische Postulat, wir müssten uns nur alle *selbst* der *jeweils eigenen* Vernunft bedienen, und es werde sich daraus dann schon die *Vernunft des Ganzen* ergeben, hat sich als eine aufklärerische Illusion erwiesen. Natürlich ist diese Einsicht kein Argument gegen den individuellen Vernunftgebrauch (nur zu!), aber es ist eine dringliche Aufforderung, es sich angelegen sein zu lassen, die uns von der Realität tagtäglich zugemuteten Ent-Täuschungen ernst zu nehmen. Wir alle erliegen unentwegt einer Gefahr: Wir legen unsere Begriffe recht hoch an und halten sie der Wirklichkeit entgegen, wir nehmen ständig Abstand von der Sinnlichkeit und dem tatsächlichen Geschehen – und wir hängen dabei nur allzu oft Vorstellungen an, deren eigentliche Bestimmung es zwar wäre, uns zum *Erfahrungsgebrauch* tauglich zu machen, die uns aber realiter eher unfähig machen, unsere Realität zu begreifen. Die Lektüre der Werke *Kants* kann bis heute ein *Vademecum* sein, diesem Missstand beizukommen. Das ist das eine. Das andere aber ist, dass ein kritischer Blick auf *Kants* politische Schriften zeigt (trotz, oder vielleicht sogar gerade wegen der scheinbar zeitlos erhebenden Formulierungen), dass daraus sowohl in der Rechtstheorie als auch in der politischen Praxis eine relevante Abschwächung der Anliegen des bürgerlich-fortschrittlichen, in England z. B. von *John Locke* vertretenen Liberalismus resultierte; derartiger deutscher Liberalismus hatte keineswegs eine moderne konstitutionelle Monarchie im Auge, sondern er beschränkte sich mit einer immer noch vorkonstitutionellen Staatslehre und wollte seinen Frieden damit machen: Einige *theoretische* Bestandteile des Rechtsstaates sollten mit dem *real existierenden* absolutistischen Polizeistaat in Einklang gebracht werden. Nicht *gegen*, sondern *mit Kant* blieb der preußische Staat bis in die 1830er Jahre hinein weitgehend nicht „konstitutioneller", sondern „vormundschaftlicher Staat". Dennoch bleibt: Mit *Kants* begrifflichem Besteck lässt sich die Menschheitsentwicklung als ein Werk *vernünftiger* Menschen denken. Aus diesem Blickwinkel ist es *Kant* (auch hier in der Nachfolge von *Thomas Hobbes*) möglich, Frieden als konkretes Ziel der Politik zu denken – und dieser Frieden ist *möglich*, weil der individuelle Eigennutz (dem *Kant* durchgehend Respekt zollt) immer umfassendere Gemeinschaften schafft und nötig macht, bis hin zu einer Weltgemeinschaft, in der die Menschheit als Ganzes dann die Natur (die vormals nur blinder Mechanismus und jederzeit vernutzbare Ressource war) als Ort der Selbsterkenntnis wird.

Natürlich können wir heute keine Kantianer mehr sein, das wäre anachronistisch. *Kant* wusste nichts von der Infragestellung der menschlichen Natur durch die Biotechnologie, er konnte sich die Formierung von Geschmack und Urteil durch die Massenmedien (durch social media) nicht vorstellen, die im 20. Jahrhundert stattgefundene und bis heute anhaltende Erosion von Gerechtigkeit und Menschenwürde war für ihn nicht absehbar, die mit der Entwicklung Künstlicher Intelligenz (KI) verbundenen Gefährdungen waren im 18. Jahrhundert schlicht nicht vorstellbar. Wir könnten aber einer Empfehlung von *Gernot Böhme* (1937–2022) folgend, in Analogie zum bekannten Dreischritt aus der *Anthropologie* von *Kant*, mit dem dieser der Menschenbildung drei Stufen vorgab: Disziplinierung, Zivilisierung, Moralisierung, ein anderes moralisches Trio entwickeln, das nahe bei *Kant* angesiedelt ist: „Nötig sind: Selbstsorge im Sinne einer Aneignung dessen, was am Menschen natürlich ist; die Fähigkeit zu Zivilcourage, d. h. zur Abweichung von dem, was gerade üblich ist; moralische Sensibilität, d. h. die Fähigkeit, die moralische Herausforderung einer Situation wahrzunehmen. – An die Stelle des autonomen Vernunftsubjektes als Ideal der Selbstkultivierung tritt der souveräne Mensch. Souverän ist ein Mensch, der sich von den Gegebenheiten einer Situation betreffen lässt und fähig ist, unter Einsatz seiner Person seinen moralischen Intuitionen zu folgen.“[80] Auch hier bleibt offen, wie eine Realisierung dieser Postulate möglich ist. Wir könnten uns von *Kants* Zusicherung leiten lassen: „Die gute und lautere Gesinnung [...], deren man sich bewußt ist, führt also auch das Zutrauen zu ihrer Beharrlichkeit und Festigkeit [...] bei sich, und ist der Tröster (Paraklet), wenn uns unsere Fehltritte wegen ihrer Beharrlichkeit besorgt machen.“[81] Daraus entwickelt sich aber wohl immer noch keine Änderung der Wirklichkeit. Diese kann nur besorgt werden durch tätige Menschen. Und einerlei, ob und gegebenenfalls wie das immer wieder versuchsweise zu bewerkstelligen sein wird, es dürften die notwendigen Änderungen nur gelingen, wenn wir uns *against all odds* mit Judith Butler wechselseitig ermuntern und versichern, dass es zweckmäßig und zum Wohle aller ist, wenn „einige von uns wie wild (daran) festhalten, sich weigernd zu glauben, dass die Strukturen, die jetzt bestehen, für immer bestehen werden.“[82]

Warum wir uns dabei auch auf *Kant* stützen dürfen? Weil uns der Philosoph aus Königsberg die Weisheit hinterlassen hat: „(I)n Betracht der Natur gibt uns Erfahrung die Regel an die Hand und ist der Quell der Wahrheit; in Ansehung der sittlichen Gesetze aber ist Erfahrung (leider!) die Mutter des Scheins, und es ist höchst verwerflich, die Gesetze über das, was ich *tun soll,* von demjenigen herzunehmen, oder dadurch einschränken zu wollen, was getan wird.“[83]

FINIS

ANHANG

Immanuel Kant
Von der Freyheit[84]

Der Mensch hangt von vielen äußern Dingen ab, er mag sich befinden in welchem Zustande er auch wolle. Er hängt jederzeit durch seine Bedürfnisse an einigen, durch seine Lüsternheit an andern Dingen, und indem er wohl der Verweser der Natur, aber nicht ihr Meister ist, so muß er sich dem Zwange derselben bequemen, weil er nicht findet, daß sie sich immer nach seinen Wünschen bequemen will. Was aber weit härter und unnatürlicher ist als dieses Joch der Nothwendigkeit, das ist die Unterwürfigkeit eines Menschen unter den Willen eines andern Menschen. Es ist kein Unglück, daß demjenigen, der der Freyheit gewohnt wäre, das Gut der Freyheit genossen habe, erschrecklicher seyn könnte als sich einem Geschöpfe von seiner Art überliefert zu sehen, das ihn zwingen könnte (sich seines eigenen Willens zu begeben) das zu thun, was er will. Es gehört auch eine sehr lange Gewonheit dazu, den Schrecklichen Gedanken der Dienstbarkeit leidlicher zu machen, denn jedermann muß es in sich empfinden, daß wenn es gleich viele Ungemächlichkeit giebt, die man nicht immer mit Gefahr des Lebens abzuwerfen Lust haben möchte, dennoch kein Bedenken statt finden würde, in der Wahl zwischen Sclaverey u. Tod die Gefahr des letztern vorzuziehen. – [...] Es ist in der Unterwürfigkeit nicht allein was äußeres gefährliches, sondern noch eine gewisse Hässlichkeit u. ein Widerspruch, der zugleich seine Unrechtmäßigkeit anzeigt. Ein Thier ist noch nicht ein komplettes Wesen, weil es sich seiner selbst nicht bewußt ist u. seinem Triebe u. Neigungen kann nun durch einen andern widerstanden werden oder nicht, so empfindet es wohl sein Übel, aber es ist jeden Augenblick vor ihm verschwunden u. es weiß nicht von seinem eignen Daseyn. Daß der Mensch selbst aber gleichsam keiner Seele bedürfen u. keinen eignen Willen haben soll u. daß eine andere Seele meine Gliedmaßen bewegen soll, das ist ungereimt u. verkehrt: Auch in unsern Verfassungen ist uns ein jeder Mensch verächtlich, der in einem großen Grade unterworfen ist [...] Anstatt daß die Freyheit mich schiene über das Vieh zu erheben, so setzet sie mich noch unter dasselbe, denn ich kann besser gezwungen werden. – Ein solcher ist gleichsam vor sich nichts als ein Hausgeråt eines andern. Ich könnte eben so wohl den Stiefeln des Herrn eine Hochachtung bezeigen als seinem Lakai. Kurtz der Mensch, der da abhängt ist nicht mehr ein Mensch er hat diesen Rang verlohren er ist nichts ausser ein Zubehör eines andern Menschen. – Unterwürfigkeit u. Freyheit sind gemeiniglich in gewissem Grade vermengt und eines hängt vom Andern ab. Aber auch der kleinere grad der Abhängigkeit ist ein viel zu großes übel, als daß es nicht sollte Natürlicher Weise erschrecken. – Dieses Gefühl ist sehr natürlich, aber man kann es auch sehr schwächen. Die Macht, anderen Übeln zu widerstehen, kann so klein werden, daß die Sclaverey ein kleineres Übel scheinet als die Ungemächlichkeit.

Dennoch ist es gewiß, daß es in der Menschlichen Natur oben anstehe. – Das Vieh wird doch noch vom Menschen gezwungen, aber der Mensch vom Wahn vom Menschen. – Die augenblickliche Gewalt des Angriffs ist viel kleiner als die Knechtschaft. – Es können wohl Reitzungen seyn, die der Mensch auf einen Augenblick der Freyheit vorzieht, aber es muß ihm durchaus gleich darauf leid thun ...

Anmerkungen

1 Heinrich Heine, Zur Geschichte der Religion und Philosophie in Deutschland (1833/34). Hrsg. v. W. Harich, Berlin 1965, 151.
2 Georg Wilhelm Friedrich Hegel, Vorlesungen über die Geschichte der Philosophie, Bd. III, hrsg. v, G. Irrlitz/K. Gurst, Berlin 1984, 360.
3 Heine, Geschichte der Religion und Philosophie, a.a.O., 152. – Will man freilich mehr über Leben und Werk Kants wissen, so bietet sich die Lektüre von Arsenij Gulyga, Immanuel Kant (1977). Mit einem Vorwort v. A. Gulyga. Aus dem Russischen übertragen und mit einem Nachwort versehen v. S. Bielfeldt, Ffm. 1981; von Karl Vorländer, Immanuel Kant. Der Mann und das Werk[3]. Mit einer Bibliographie zur Biographie von R. Malter und einem Verzeichnis der Bibliographien zum Werk Immanuel Kants, Hamburg 1992, und von Manfred Kühn, Kant. Eine Biographie, München 2003, an.
4 Immanuel Kant, Anthropologie in pragmatischer Hinsicht[2] (1798), in: Werke in sechs Bänden[7], hrsg. v. W. Weischedl, Bd. VI, Darmstadt: WBG 2011, 395–690, hier 400.
5 Immanuel Kant, Zum ewigen Frieden. Ein philosophischer Entwurf (1795), in: Werke in sechs Bänden[7], hrsg. v. W. Weischedl, Bd. VI, Darmstadt: WBG 2011, 191–251, hier 216.
6 Heine, Geschichte der Religion und Philosophie, a.a.O., 152 f.
7 Immanuel Kant, Allgemeine Naturgeschichte und Theorie des Himmels. Versuch von der Verfassung und dem mechanischen Ursprunge des ganzen Weltgebäudes nach Newtonischen Grundsätzen abgehandelt (1755), in: Werke in sechs Bänden[7], hrsg. v. W. Weischedl, Bd. I, Darmstadt: WBG 2011, 219–400, hier 237.
8 Friedrich Engels, Herrn Eugen Dührings Umwälzung der Wissenschaft (Anti-Dühring), in: MEGA[2] I/27, 234.
9 Engels, Anti-Dühring, a.a.O., 262.
10 Kant, Allgemeine Naturgeschichte, a.a.O., 233 f.
11 Siehe Immanuel Kant, Die Religion innerhalb der Grenzen

der bloßen Vernunft (1793), in: Werke in sechs Bänden[7], hrsg. v. W. Weischedl, Bd. IV, Darmstadt: WBG 2011, 645–879.

12 Immanuel Kant, Der Streit der Facultäten in drey Abschnitten (1798), in: Werke in sechs Bänden[7], hrsg. v. W. Weischedl, Bd. IV, Darmstadt: WBG 2011, 261–393, hier 268.

13 Kant, Streit der Facultäten, a.a.O., 273.

14 Immanuel Kant, Träume eines Geistersehers, erläutert durch Träume der Metaphysik (1766), in: Werke in sechs Bänden[7], hrsg. v. W. Weischedl, Bd. I, Darmstadt: WBG 2011, 919-989, hier 974.

15 Heine, Geschichte der Religion und Philosophie in Deutschland, a.a.O., 154.

16 Immanuel Kant, De mundi sensibilis atque intelligibils forma et principiis – Von der Form der Sinnen- und Verstandeswelt und ihren Gründen (1770), in: Werke in sechs Bänden[7], hrsg. v. W. Weischedl, Bd. III, Darmstadt: WBG 2011, 7-107, hier 107.

17 Immanuel Kant, Kritik der reinen Vernunft (1781), in: Werke in sechs Bänden[7], hrsg. v. W. Weischedl, Bd. II, Darmstadt: WBG 2011.

18 Heine, Geschichte der Religion und Philosophie, a.a.O., 153. – Heine hatte mehr Einsicht als Kant: „Warum aber hat Kant seine *Kritik der reinen Vernunft* in einem so grauen, trocknen Packpapierstil geschrieben? Ich glaube, weil er die mathematische Form der Descartes-Leibniz-Wolffianer verwarf, fürchtete er, die Wissenschaft möchte etwas von ihrer Würde einbüßen, wenn sie sich in einem leichten, zuvorkommend heiteren Ton ausspräche. Er verlieh ihr daher eine steife, abstrakte Form, die alle Vertraulichkeit der niederen Geistesklassen kalt ablehnte. Er wollte sich von den damaligen Popularphilosophen, die nach bürgerlichster Deutlichkeit strebten, vornehm absondern, und er kleidete seine Gedanken in eine hofmännisch abgekältete Kanzleisprache. Hier zeigt sich ganz der Philister [...] Kant hat durch den schwerfälligen, steifleinenen Stil seines Hauptwerks sehr viel Schaden gestiftet. Denn die geistlosen Nachahmer äfften ihn nach in dieser Äußerlich-

keit, und es entstand bei uns der Aberglaube, daß man kein Philosoph sei, wenn man gut schriebe“ (ebd., 154).

19 Immanuel Kant, Prolegomena zu einer jeden künftigen Metaphysik die als Wissenschaft wird auftreten können (1783), in: Werke in sechs Bänden[7], hrsg. v. W. Weischedl, Bd. II, Darmstadt: WBG 2011, 109-264, hier 120.

20 Kant, Kritik der reinen Vernunft, a.a.O., 45.

21 Siehe Burkhart Tuschling, Transcendental Idealism in Leibniz and Kant: The Paradigm, Problems and the Dialectic of the I as the First Principle of Philosophy, in: Proceedings of the Eight International Kant Congress, Memphis 1995, Milwaukee 1995, Vol. I, 881-903.

22 Immanuel Kant, Die Metaphysik der Sitten. Erster Theil, metaphysische Anfangsgründe der Rechtslehre (1798), in: Werke in sechs Bänden[7], hrsg. v. W. Weischedl, Bd. IV, Darmstadt: WBG 2011, 303–634.

23 Kant, Kritik der reinen Vernunft, a.a.O., 63.

24 Kant, Kritik der reinen Vernunft, a.a.O., 64.

25 Burkhard Tuschling, Metaphysische und transzendentale Dynamik in Kants Opus postumum, Berlin/New York 1971, 178.

26 Burkhard Tuschling, Apperception and Ether: On the Idea of a Transcendental Deduction of Matter in Kant's *Opus postumum,* in: E. Förster (ed.), Kant's Transcendental Deductions. The Three *Critiques* and the *Opus postumum,* Stanford, Cal. 1989, 193-216, hier 216. Vgl. auch ders., Die Idee des transzendentalen Idealismus im späten Opus postumum, in: Forum für Philosophie Bad Homburg (Hrsg.), Übergang. Untersuchungen zum Spätwerk Immanuel Kants, Ffm. 1991, 105-145, und ders., Übergang: Von der Revision zur Revolutionierung und Selbst-Aufhebung des Systems des transzendentalen Idealismus, in: H. F. Fulda/J. Stolzenberg (Hrsg.), Architektonik und System in der Philosophie Kants, Hamburg 2001, 128-170. Diese Beiträge basieren auf der zwischenzeitig berechtigt zum „Klassiker“ gewordenen Untersuchung von Tuschling, Metaphysische und transzendentale Dynamik, a.a.O.

27 Tuschling, Die Idee des transzendentalen Idealismus, a.a.O., 106.

28 Heine, Geschichte der Religion und Philosophie, a.a.O., 157 f.
29 Siehe Kant, Religion innerhalb der Grenzen, a.a.O.
30 Kant, Zum ewigen Frieden, a.a.O.
31 Kant, Anthropologie, a.a.O.
32 Kant, Streit der Facultäten, a.a.O.
33 Kant, Streit der Facultäten, a.a.O., 290 f.
34 Kant, Streit der Facultäten, a.a.O., 282.
35 Immanuel Kant, Über den Gemeinspruch: Das mag in der Theorie richtig sein, taugt aber nicht für die Praxis, in: Werke in sechs Bänden[7], hrsg. v. W. Weischedl, Bd. VI, Darmstadt: WBG 2011, 125–172, hier 151.
36 Immanuel Kant, Idee zu einer allgemeinen Geschichte in weltbürgerlicher Absicht, in: Werke in sechs Bänden[7], hrsg. v. W. Weischedl, Bd. VI, Darmstadt: WBG 2011, 31–50, hier 40.
37 Siehe Gerd Irrlitz, Die nachgelassenen Manuskripte zum geplanten Werk *Übergang von den Metaphysischen Anfangsgründen der Naturwissenschaft zur Physik* (sog. *Opus postumum*), in: Kant-Handbuch. Leben und Werk[3], Stuttgart 2015, 471–476.
38 Renate Wahsner, Die Bedeutung des Kantschen Apriorismus für eine materialistisch-dialektische Rezeption der Naturwissenschaft, in: H.-M. Gerlach/S. Mocek (Hrsg.), Kants „Kritik der reinen Vernunft“ im philosophischen Meinungsstreit, Halle (Saale) 1982, 112–120, hier 112.
39 Immanuel Kant, Kritik der reinen Vernunft, in: Werke in sechs Bänden[7], hrsg. v. W. Weischedl, Bd. II, Darmstadt: WBG 2011, 293.
40 Ebd., 296.
41 Immanuel Kant, Welches sind die wirklichen Fortschritte, die die Metaphysik seit Leibnitzens und Wolf's Zeiten in Deutschland gemacht hat, in: Werke in sechs Bänden[7], hrsg. v. W. Weischedl, Bd. III, Darmstadt: WBG 2011, 585–676, hier 609.
42 Zur Erinnerung: „In allen Urteilen, worinnen das Verhältnis eines Subjekts zum Prädikat gedacht wird [...], ist dieses Verhältnis auf zweierlei Arten möglich. Entweder das Prädikat B gehört zum Subjekt A als etwas, was in diesem Begriffe

A (versteckter Weise) enthalten ist; oder B liegt ganz außer dem Begriff A, ob zwar es zwar mit demselben in Verknüpfung steht. Im ersten Fall nenne ich das Urteil *analytisch, in dem* andern synthetisch. Analytische Urteile (die bejahende) sind also diejenige, in welchen die Verknüpfung des Prädikats mit dem Subjekt durch Identität, diejenige aber, in denen diese Verknüpfung ohne Identität gedacht wird, sollen synthetische Urteile heißen", erläutert Kant, Kritik der reinen Vernunft, a.a.O., 52, in der *Einleitung.*

43 Kant, Kritik der reinen Vernunft, a.a.O., 253.

44 Kant, Kritik der reinen Vernunft, a.a.O., 248.

45 Kant, Kritik der reinen Vernunft, a.a.O., 278. – Kant macht einen Unterschied zwischen den Erscheinungen der Dinge und den Dingen an sich. Von den Dingen könnten wir nur insoweit etwas wissen, als sie sich uns durch Erscheinung kundgeben, und da die Dinge also nicht, wie sie an und für sich selbst sind, sich uns zeigen, so nennt Kant die Dinge, insofern sie erscheinen, *Phaenomena,* und die Dinge an und für sich *Noumena.* Von den Ersteren könnten wir etwas wissen, von Letzteren wissen wir nichts.

46 Engels, Anti-Dühring, in: MEGA[2] I/27, 495.

47 Kant, Kritik der reinen Vernunft, a.a.O., 328.

48 Kant, Kritik der reinen Vernunft, a.a.O., 467.

49 Kant, Kritik der reinen Vernunft, a.a.O., 456.

50 Karl Marx, Zur Kritik der Hegelschen Rechtsphilosophie, in: MEGA[2] I/2, 3–137.

51 Vgl. dazu etwa Andreas Arndt, Vernunft im Widerspruch. Zur Aktualität von Feuerbachs „Kritik der unreinen Vernunft", in: W. Jaeschke (Hrsg.), Sinnlichkeit und Rationalität. Der Umbruch in der Philosophie des 19. Jahrhunderts: Ludwig Feuerbach, Berlin 1992, 27–47.

52 John Dewey, Logik. Die Theorie der Forschung (1986). Deutsch v. M. Suhr, Ffm. 2002.

53 Am konsequentesten realisiert wohl von Galvano Della Volpe, Logica come scienza storica[3] (1950), Roma 1969.

54 Karl Marx/Friedrich Engels, Deutsche Ideologie, in: MEGA[2] I/5, 248.

55 Vgl. Hermann Klenner, Zur Rechtslehre der reinen Vernunft, in: M. Buhr/T. I. Oiserman (Hrsg.), Revolution

der Denkart oder Denkart der Revolution, Berlin 1976, 162–177, hier 167.
56 Kant, Metaphysik der Sitten, a.a.O, 433 f. (§ 46).
57 Kant, Über den Gemeinspruch, a.a.O., 151.
58 Klenner, Zur Rechtslehre der reinen Vernunft, a.a.O., 172.
59 Siehe etwa Heinrich Scheel, Die Mainzer Republik, Berlin 1975; Walter Grab, Ein Volk muß seine Freiheit selbst erobern. Zur Geschichte der deutschen Jakobiner, Ffm. 1985.
60 Karl Marx, Das philosophische Manifest der historischen Rechtsschule, in: MEGA² I/1, 191–198, hier 194. – Siehe dazu den Kommentar von Hermann Klenner, Zur Theorie/Praxis-Relation in Kants Rechtsphilosophie, in: H. Bleiber/W. Schmidt (Hrsg.), Demokratie, Antifaschismus und Sozialismus in der deutschen Geschichte, Berlin 1988, 91-98, hier 98: „Obschon Kants Philosophie gewiß nicht zu jenen zählt, die alles lassen, wie es ist, so ist ihr doch die so ersehnte Harmonisierung von Theorie und Praxis so wenig in Gedanken geglückt wie unserem Bürgertum in Taten. Daß die dafür tiefere Ursache gesellschaftlicher Natur und den deutschen Zuständen zuzuschreiben ist, hat in einer seiner genialen Gedankenblitze der junge Marx mit seinem Satz *Kants Philosophie ist die deutsche Theorie der französischen Revolution* ausgedrückt. Tatenarm, doch gedankenvoll. Freiheit in der Einbildung. Denken über eine fremde Wirklichkeit."
61 Kant, Über den Gemeinspruch, a.a.O.
62 Vgl. zu Erhard bloß Zwi Batscha, Studien zur politischen Theorie des deutschen Frühliberalismus, Ffm. 1981, 66–90 („Johann Benjamin Erhards politische Theorie").
63 Vgl. Domenico Losurdo, Immanuel Kant. Freiheit, Recht und Revolution (1983). Deutsch v. E. Brielmyer, Köln 1987, 121 und 190 f.
64 Engels, Anti-Dühring, in: MEGA² I/27, 159.
65 Kant, Idee zu einer allgemeinen Geschichte, a.a.O., 37.
66 Kant, Zum ewigen Frieden, a.a.O., 207.
67 Kant, Zum ewigen Frieden, a.a.O., 206 f.
68 Kant, Anthropologie, a.a.O., 658 f.

69 Immanuel Kant, Beantwortung der Frage: Was ist Aufklärung? In: Werke in sechs Bänden[7], hrsg. v. W. Weischedl, Bd. VI, Darmstadt: WBG 2011, 51-61, hier 53.
70 Kant, Anthropologie, a.a.O., 549.
71 Kant, Was ist Aufklärung? A.a.O, 53.
72 Kant, Prolegomena, a.a.O., 261.
73 Kant, Prolegomena, a.a.O., 263.
74 Kant, Prolegomena, a.a.O., 263.
75 Immanuel Kant, Was heißt: Sich im Denken orientieren? (1786), in: Werke in sechs Bänden[7], hrsg. v. W. Weischedl, Bd. III, Darmstadt: WBG 2011, 265–283, hier 283.
76 Heine, Geschichte der Religion und Philosophie, a.a.O., 165.
77 Kant, Metaphysik der Sitten, a.a.O., 390 (§ 24).
78 Kant, Metaphysik der Sitten, a.a.O., 483 f. (*Anhang*, 3. Beispiele).
79 Kant, Metaphysik der Sitten, a.a.O., 455 (§ 49, Anmerkung E).
80 Gernot Böhme, Selbstkultivierung, „Neue Zürcher Zeitung" Nr. 31 v. 7./8. Februar 2004, 47.
81 Kant, Religion innerhalb der Grenzen bloßer Vernunft, a.a.O., hier 724.
82 Judith Butler, Wo fängt das Grauen an? „Der Freitag" Nr. 42 v. 19. Oktober 2023, 18 f., hier 19.
83 Kant, Kritik der reinen Vernunft, a.a.O., 325.
84 Immanuel Kant, Bemerkungen zu den Beobachtungen über das Gefühl des Schönen und Erhabenen (unveröffentlicht), in: Kant's gesammelte Schriften, hrsg. von der Preußischen Akademie der Wissenschaften in Berlin, Berlin 1942, Bd. XX, 91-94. – Schreibweise leicht modernisiert.